AUFGEBEN? Niemals!

edition chrismon

Bibliografische Information der Deutschen Nationalbibliothek.
Die Deutsche Nationalbibliothek verzeichnet diese Publikation in der Deutschen Nationalbibliografie; detaillierte bibliografische Daten sind im Internet über http://dnb.d-nb.de abrufbar.

Lektorat Elke Rutzenhöfer

Schlussredaktion Constanze Grimm

Gestaltung und Satz Mareike Benrath

Umschlaggestaltung Lena Gerlach

Fotonachweise Cover: Nicole Melzer. Alle anderen: privat

Druck und Bindung GRASPO CZ a.s., Zlín

ISBN 978-3-86921-271-5

Simone Heintze

AUFGEBEN? Niemals!

Meine Heilungsgeschichte

edition chrismon

Meinen Eltern Manfred und Heidrun gewidmet

Dieses Buch ist ein Tatsachenbericht. Fast alle Namen, Kliniken und Orte gibt es wirklich. Ärzte, Personal, Psychologen, Freunde und Familie haben ihre Namen zur Verfügung gestellt, weil sie verstehen können, dass dies meine Geschichte und mein Leben ist und ich mich mit Fantasienamen schwertue. Bitte, liebe Leserin, lieber Leser, behandeln Sie diese Namen daher mit Respekt und Achtung. Ich möchte nicht, dass die Privatsphäre dieser Menschen, die mich so treu während meiner Therapie begleitet haben, verletzt wird.

Vielen Dank, Simone Heintze

INHALT

VORWORT

Meine bis heute so tiefe Freundschaft zu Simone begann im Jahre 1990, als wir beide im Olgahospital in Stuttgart zusammen in einem Zimmer lagen und Chemo bekamen. Schon im Alter von 15 Jahren bewunderte ich Simones starke Persönlichkeit. Sie hatte damals noch Haare und mittendrin wie zum Trotz eine bunte Strähne. Es war bereits ihre zweite Therapie, sie hatte Erfahrung – und konnte mich aufklären über das, was auf mich zukam. Trotz schwankender Blutwerte ging sie zur Schule, kämpfte und hatte im Vergleich zu mir unendlich viel Energie und Lebensmut!

Gegen die ständige Übelkeit, meinte sie, sollte ich vor der Chemo einfach ordentlich was essen, dann wäre das Spucken nur halb so schlimm. Es stimmte. Bis heute beherzige ich so viele gute Ratschläge und Tipps von Simone.

Ehrenamtlich haben wir jahrelang die Stuttgarter Freizeit Prima Klima für krebskranke Kinder vorbereitet und betreut. Durch Simones lange Erfahrung in der evangelischen Jungschar hatte sie immer kreative Ideen – und wir hatten unendlich viel Spaß.

Unsere wiedergewonnene Freiheit nach den Therapien und das Loslösen von zu Hause haben wir in vollen Zügen genossen. Die gemeinsame Erfahrung, diese Krankheit überlebt zu haben, hat uns zusätzlich verbunden.
Die Insel Sylt ist für uns zum Symbol unserer Freundschaft geworden ist. Fast jedes Jahr verbringen wir dort gemeinsam unsere Ferien. Mittlerweile sind wir beide Familienmanagerinnen – und jede von uns weiß, was es bedeutet, einen Haushalt mit drei Kindern zu leiten und nebenher einen Beruf zu haben.
Als mich Simone im März 2013 anrief und von ihrer Diagnose berichtete, war ich erstaunt, wie ruhig sie war, wie zielgerichtet und positiv. Als ich ihr das sagte, antwortete sie, dass es nur diesen einen Weg gebe und den wolle sie mit Gottes Hilfe gehen. Sie sagte, sie würde getragen von so unendlich vielen lieben Menschen, die für sie beten und sie in Gedanken begleiten. So schien es mir fast, als müsste sie mir Kraft geben und nicht umgekehrt. Während der ganzen Therapie hat sie nie gejammert und immer nach vorne gesehen. Sie hat gekämpft. Für ihre Familie und für ihr eigenes Leben. Aufgeben? Niemals!!!
Simones Buch macht Mut. Ihre Geschichte zeigt, dass es zu schaffen ist, diese Krankheit zu besiegen, wenn man an sich glaubt und gute Ärzte und Schwestern an seiner Seite hat, die einen begleiten und Hoffnung geben.
Tanja Weiß

MÄRZ

Ich will jetzt kein Problem

Vorstellung in den Ev. Kliniken Gelsenkirchen

Ich darf Gott vertrauen

Diagnose – Das Bündel vor der Tür

Hart am Wind

Vorstellung im Marien Hospital Herne

Sylt – Auszeit vor dem Sturm

Nicht an die Zukunft denken

Ich will jetzt kein Problem

Es ist Dienstagmorgen. Meine drei Kinder sind auf dem Weg zur Schule und ich widme mich meiner Einkaufsliste. Während ich aufschreibe, was ich heute Morgen alles erledigen will, beiße ich zwischendurch vom Toast ab. Ich bin eine Planerin, führe Listen und organisiere gern im Voraus. Dann weiß ich, was auf mich zukommt, und verliere mich nicht mittendrin. Bevor ich heute in den Supermarkt kann, muss ich zur Vorsorge bei meiner Gynäkologin. Ein Termin, um den ich mich nicht gerade reiße. Um ehrlich zu sein, ich habe überhaupt keine Lust, da hinzugehen. Die letzten Wochen und Monate waren so anstrengend. Ich will einfach nur mal abhängen und gar nichts müssen. Schon gar nicht irgendwo im Wartezimmer sitzen, um dann irgendwelche Untersuchungen über mich ergehen zu lassen. Ich habe genug von Krankenhäusern, Arztpraxen und Kranksein.

*

Vor zwei Tagen bin ich von meinen Eltern, die rund 400 Kilometer entfernt leben, zurückgekehrt. Meinem Vater wurde im Krankenhaus eine neue Hüfte eingesetzt. Die Operation hat er gut überstanden und für seine neunundsechzig Jahre ist er schon wieder ganz schön fit. Wir sind optimistisch, dass es langsam wieder aufwärtsgeht. Mit meinen beiden Eltern. Meine Mutter hatte nämlich vor sieben Monaten ein schweres Hirnaneurysma, das ist eine lebensbedrohliche Blutung im Gehirn. Wochenlang lag sie im Koma, wochenlang wussten wir nicht, ob sie das überleben würde. Eine aufreibende und furchtbare Zeit. Immer wieder pendelte ich die vier Stunden Zugfahrt zwischen Stuttgart und Gevelsberg hin und her. Zu Hause drei Kinder und einen selbstständigen Mann, in der Heimat meinen Vater, bei dem ich fühlte, dass er meine emotionale Unterstützung brauchte, um dieses Alleinsein am Abend zu ertragen.

Nach knapp sechs Wochen wurde meine Mutter endlich langsam aus dem Koma geholt und in eine Reha verlegt. Niemand traute sich, irgendwelche Prognosen zu stellen. Dabei brannte es uns allen auf der Seele: Wie sehr hatte die Blutung ihr Gehirn geschädigt? Bei jedem Besuch war unklar: Hat sie uns erkannt oder nicht? Weiß sie, wer vor ihr steht? Doch uns blieb nichts anderes übrig, als Geduld zu haben und zu warten. Abzuwarten, wie es sich weiter entwickelt. Sprechen konnte meine Mutter durch den Luftröhrenschnitt nicht. Es dauerte weitere zehn Wochen und eine abermalige Operation, ehe die erlösende Antwort kam: Sie würde keine bleibenden Schäden zurückbehalten. Das grenzte an ein Wunder. Keiner der Ärzte konnte sich diese gute Heilung erklären. Es war ein Wunder. Und ich bin mir sicher, dieses Wunder ist dadurch entstanden, weil so viele Menschen für meine Mutter gebetet haben.

Wir waren so unendlich erleichtert. Alle bangen Minuten, die Sorgen, die Hilflosigkeit, die Warterei, unsere

Erschöpfung und unsere Mutlosigkeit. Alles vorbei. Meine Mutter würde ziemlich normal weiterleben dürfen. Keine Bewegungseinschränkung, keine Gehirnschäden. Das Leben wurde wieder Alltag. Wie oft wollte ich aus genau diesem Alltag einfach abhauen. Doch wenn dann plötzlich alles Gewohnte zusammenbricht, dann gibt es nichts, was man lieber zurückhaben möchte als genau diesen ganz normalen Trott.

Der Alltag für meine Eltern bestand darin, endlich wieder ihren Hof mit Pensionspferden zu verwalten, sowie die paar Weinberge, Obstwiesen, Erdbeerfelder,

Meine wunderschöne Heimat Bürg,
hier bin ich aufgewachsen.

Weinberge und Obstwiesen, hier war und ist immer etwas zu tun.

Himbeer- und Brombeerbüsche, die auch noch dazugehören. Der Hof meiner Eltern liegt in Baden-Württemberg, umgeben von Wäldern, Wiesen und Weinbergen. Hier bin ich mit meinen beiden Brüdern in einem kleinen Dorf aufgewachsen. Unser Ort zählt gerade mal 300 Einwohner. Um zu uns zu kommen, muss man erst eine ordentliche Steigung mit einigen Serpentinen überwinden. Doch das lohnt sich, der Blick bis ins weit entfernte Stuttgart ist es allemal wert. In den Hang des Berges schmiegen sich die Weinberge, unter denen viele kleinere Dörfer, und in der Ferne ist der Fernsehturm, das Wahrzeichen Stuttgarts, zu erkennen. Direkt über den Weinbergen steht der ganze Stolz unseres Dorfes, das Burghotel „Schöne Aussicht". Hotel und Restaurant drapieren sich um einen hübschen mittelalterlichen Turm. Zu Silvester kommen jedes Jahr Karawanen an Menschen aus den umliegenden Städten, um die grandiose Aussicht auf das Feuerwerk von unserem Dorf aus zu genießen. Sie kommen selbst bei Schnee, Sturm und Glatteis.

Ich liebe diese wunderschöne Landschaft, in der ich groß geworden bin. Auch wenn ich das als Jugendliche vorübergehend etwas anders gesehen habe. Im Herbst, wenn die Obstbäume und die Weinstöcke langsam in ihren Winterschlaf gleiten und dabei in allen Farben leuchten, würde ich mich jedes Mal am liebsten einfach in die bunten Blätter hineinlegen, so schön ist das. Ein ganzes Farbenmeer – und ich mittendrin. Zu meinem großen Glück lag mein Zimmer im Dachgeschoss. Jeden Morgen wurde ich so mit dem Blick in den angrenzenden Wald belohnt.

Ganz ähnlich erging es mir im Frühjahr, wenn im Wald die ersten Blätter ihren Weg ans Licht finden. Ich liebe dieses feine, zarte Hellgrün der ersten Blätter. Das ist für mich Frühling, die erste duftende Verheißung eines neuen Sommers, der kommen wird. Der Duft von Kirschblüten wird mich Zeit meines Lebens an zu Hause, an Ostern und an meine Kindheit erinnern. Die verbrachte ich hauptsächlich draußen zwischen Erdbeeren, Äpfeln und Heu. Gameboys gab es noch nicht und Fernsehen durfte ich nur einmal in der Woche, samstags nach dem Baden, Heidi. Ein einziges Mal, ich hatte Windpocken, machten meine Eltern eine Ausnahme und ließen mich bereits am Nachmittag fernsehen. Tatsächlich jedoch hatte ich als Kind kein allzu großes Interesse an diesem Gerät. Ich fand es draußen weitaus spannender. Ein Baumhaus bauen, Feuerchen machen.

Feuer, das war eine Spezialität meines Bruders. Er war für das Zündeln zuständig, ich fürs Löschen! Einmal hätte mein Bruder fast unser Haus abgefackelt, weil er das Feuer nicht richtig gelöscht hatte, als wir alle wegfuhren. So fing der angrenzende Baum Feuer und anschließend unser Balkon. In diesem Moment kamen wir zum Glück zurück. Von meinem Vater, der Mitglied der Freiwilligen Feuerwehr bei uns im Ort war, gab es den entsprechenden Ärger. Ich fühlte mich mit schuldig, weil ich doch sonst immer fürs Feuerlöschen zuständig war – und somit hatte es ja gar nicht gutgehen können.

Wenn wir nicht zündelten, trieben wir uns in unserem riesigen Garten herum. Es gab hier ein altes Hühnerhaus, das wir zu unserem Clubhaus umgebaut hatten. Auf durchgesessenen Sesseln und ausgefransten Teppichen hielten wir unsere Besprechungen ab, schmiedeten Pläne oder hingen einfach ab und aßen Kekse. Mein Bruder Markus hatte immer irgendwelche Ideen. Ich war eher die Spaßbremse, ruhig, zurückhaltend und vorsichtig. Doch mein Bruder war Überredungskünstler – und so hing ich oft genug mit drin, wenn er sich mal wieder was ausgedacht hatte.

Im Winter waren wir stundenlang im Schnee unterwegs, der manche Jahre über Monate liegenblieb. Wir konnten richtig große Schneehäuser bauen. Unsere Schlittenbahnen waren so gut präpariert, dass wir nur auf dem Po den Berg runterrutschen konnten. Schneeballschlachten wurden im harten Kampf unserer Dorfgemeinschaft gegen die anderen Dörfer ausgetragen. Mitunter dauerte so eine Fehde von einer Schneesaison zur nächsten.

Um uns weiter weg zu bewegen, blieben uns nur der Bus oder das Fahrrad, wobei Fahrradfahren echte Schwerstarbeit war. Denn da, wo man runtersausen konnte, musste man am Ende des Tages wieder rauf.

Zu meiner Familie gehören neben meinen Eltern und meinen zwei Brüdern einige Onkel, Tanten, Cousinen und Cousins. Meine Brüder sind jünger als ich, Markus ein Jahr und Daniel zehn Jahre. Als Daniel geboren wurde, spielten meine Freundinnen und ich noch viel mit unseren Puppen. Und ich hatte nun sogar eine „echte Puppe", meinen Bruder. Stolz spazierte ich stundenlang mit ihm im Kinderwagen durch die Gegend, und alle blickten neidvoll auf meinen echten Kinderwagen mit einem echten Baby drin. Allerdings konnte das süße Baby manchmal auch ganz anders. Wenn er schrie, überließ ich ihn lieber meiner Mutter und nahm stattdessen die Puppe.

Der Herbst ist eindeutig meine liebste Jahreszeit, zumindest was die Farben in der Natur angeht. Aber er hat auch ganz anderes zu bieten. Fallobst zum Beispiel, diese kleinen Äpfel, die im Herbst zu Tausenden auf dem Boden liegen. Fallobst ist mein erklärter und absoluter Feind. Im Herbst müssen unsere geschätzt 70 Obstbäume alle gleichzeitig geerntet werden. Stundenlang steht man dabei in gebückter Haltung und sammelt einen Apfel nach dem anderen auf. Obwohl ich noch so jung war, schmerzte mein Rücken jeden Abend fürchterlich und ich meinte, jeden Wirbel einzeln zu spüren. Darum ist es mir auch bis heute ein Rätsel, wie meine Eltern das so mühelos schafften und dabei auch noch pure Freude empfanden. Sie freuten sich über jeden Baum, der sich unter den Äpfeln bog. Und immer ganz zum Schluss, wenn ein Anhänger bereits mit einer Tonne Äpfel beladen war, kamen rote Äpfel obendrauf, damit es schön aussah. Jeden Herbst haben wir ungefähr sechs bis zehn Anhänger gefüllt. Meinem Bruder Daniel ging es ähnlich wie mir – und so stöhnten wir gemeinsam, wenn es wieder „Äpfel lesen“ hieß.

Da war die Weinernte, obwohl ebenfalls anstrengend, schon deutlich erfreulicher. Den ganzen Tag liefen wir bergauf und bergab. Ein kostenloses Fitnessstudio mit herrlicher Aussicht und süßer Wegzehrung. Außerdem halfen immer Verwandte oder Freunde bei der Arbeit, und so konnte man sich nett unterhalten und es gab ein leckeres Mittagessen unter freiem Himmel.

Die Erdbeerernte im Sommer war ein Mittelfall. Die Früchte waren so lecker, dass der gekrümmte Rücken gar nicht so ins Gewicht fiel. Zudem war ich hier eher für den Verkauf zuständig. Allerdings nicht in einem nett klimatisierten Verkaufsraum, sondern an der Straße. Unter einem Sonnenschirm, den ich mir mit all den lieben Früchtchen teilte, wartete ich auf kauffreudige Autofahrer. Und das konnte dauern. Hielt endlich ein Auto an, wollten auf einmal alle anderen auch Erdbeeren – und ruck zuck bildete sich eine Schlange. Kurz gesagt, bei uns gab es immer etwas zu tun. Bis zu meinem achtzehnten Lebensjahr war mein Vater zusätzlich als Schreiner tätig. Das hieß, meine Mutter managte die ganze Nebenerwerbslandwirtschaft nahezu allein und ich übernahm oft den Haushalt.

*

„Frau Heintze, kommen Sie bitte?" Ach du meine Güte. Wie lange sitze ich hier schon? Ich weiß es nicht. Die „Gala" liegt ungelesen auf meinem Schoß. Der Promiklatsch findet ohne mich statt.

„Guten Tag, Frau Heintze. Wie geht es Ihnen?", fragt mich Frau Dr. Bartz. Ich mag sie. Ich bin kritisch mit Ärzten, aber sie erklärt mir alles, was sie macht, nimmt sich Zeit, um über Untersuchungsergebnisse zu reden, und hört mir zu. Bei ihr habe ich nie das Gefühl, eine blöde Frage zu stellen – und brauche meine Angst nicht zu verstecken. Ich habe fast immer Angst, wenn ich zum Arzt muss.

Weil wir uns schon länger nicht gesehen haben, erzähle ich ihr von meiner Mutter und wie froh ich bin, dass alles so gut ausgegangen ist. Wir unterhalten uns, als sie das Ultraschallgerät an meiner rechten Brust ansetzt. Plötzlich stutzt sie. „Na, haben Sie schon wieder eine neue Zyste entdeckt?“, frage ich. Das wäre nichts Neues. Ich beherberge in dieser Region ziemlich viele Zysten, das weiß ich schon seit Jahren und das, so wurde mir versichert, sei nicht schlimm, hätte fast jede Frau. Aber so, wie meine Ärztin mit dem Ultraschallgerät auf und nieder fährt, die Zyste auszumessen versucht, kommt mir das schon ein bisschen komisch vor. Dennoch mag ich nicht fragen. Ich will jetzt kein Problem. Ich will nach Hause. Frau Dr. Bartz guckt mich an. Sie guckt ernst. Die Plauderstimmung ist dahin. „Frau Heintze, ich habe da etwas entdeckt. Das muss abgeklärt werden. Es ist ein kleiner Knoten. Bitte machen Sie sich nicht verrückt, das kann alles sein.“ Wie jetzt? Abklären? Ja, was könnte es denn sein? Ich will nichts abklären. So toll viele Möglichkeiten gibt es da nämlich nicht. Entweder eine Zyste oder ein Knoten. Und der kann gut- oder bösartig sein. Schwarz oder weiß. Alles gut oder gar nichts gut. Ich bin verstört. Was steckt da in meiner rechten Brust? Frau Dr. Bartz versucht mich zu beruhigen, andererseits jedoch besteht sie darauf, dass dieses Etwas in meiner Brust so schnell wie möglich näher untersucht wird. Sie will sich um Termine für die Mammografie und um einen Vorstellungstermin in einer Klinik kümmern.

Alles geht so schnell. Zu schnell. Ich komme nicht mit. Ich war doch gerade noch im Urlaub, auf Zeitreise. Zwischen Weinbergen und Erdbeerfeldern. Dem hier fühle ich mich nicht gewachsen. „Frau Heintze, warten Sie bitte vorne noch einen kleinen Moment." Langsam verlasse ich das Sprechzimmer. Zu langsam. Dabei arbeitet mein Gehirn auf Hochtouren, kommt aber zu keinem Ergebnis. Nichts Verwertbares, nichts, was mir jetzt weiterhelfen würde. Ich bekomme den Termin zur Mammografie genannt, morgen Vormittag. Schon? So schnell? Ich nicke höflich. Das Kärtchen, das mir an der Anmeldung über die Theke gereicht wird, stopfe ich lose in meine Handtasche. In meinem Kopf hämmert nur noch ein Wort: Brustkrebs?!

Als ich auf der Straße stehe, bin ich planlos. Verdacht auf Brustkrebs. Gott, was kommt da auf mich zu? Ich hab jetzt keine Zeit für diesen Knoten. Meine Familie, meine Arbeit, meine Ehrenämter – alle brauchen mich. Und ich selbst bin schon so leer. Die letzten Monate waren so anstrengend. So eine Operation schaffe ich nicht, nicht jetzt.

Alles in mir dreht sich. Das ist nicht echt. Die Menschen, die ahnungslos an mir vorbeigehen, im nächsten Geschäft verschwinden, ihre Einkaufstour hinter sich bringen. Die Autos und Busse, die auf der Straße vorbeirollen. Sie alle sind echt. Mein Leben jedoch hat gerade seinen Faden verloren. Out of order. Disorder, disease, disaster, death, schießt es mir durch den Kopf. Das Gedankenkarussell in voller Fahrt.

Ich kann nicht ewig hier auf dem Bürgersteig stehen bleiben, so viel wird mir irgendwann immerhin klar. Aber wo soll ich jetzt hin? Ich entschließe mich zum Naheliegenden. Von der Ärztin bis zu meiner Arbeitsstelle sind es nur ein paar Minuten Fußweg, der Vorteil der Kleinstadt, und wenn ich morgen wegen der Mammografie etwas später komme, muss ich meiner Chefin doch Bescheid sagen. Auf dem Weg versuche ich mich damit zu beruhigen, dass dieses Etwas, dieser Vielleicht-Knoten ja nur einen Zentimeter groß ist. Ein Zentimeter, das ist doch nicht viel, oder? Oder doch? Beruhigen klappt nicht. Der Zentimeter quält mich. Ziemlich aufgelöst komme ich bei meiner Chefin an und erzähle ihr von dem Knoten und dem Verdacht. Sie nimmt die Nachricht entspannt auf, sagt mir, ich solle mir keine Sorgen machen, es würde bestimmt alles gut werden. Nun ja, sie hört jeden Tag solche Diagnosen.

Ich arbeite bei einem Sozialverband. Wir kümmern uns um Schwerbehindertenangelegenheiten, Probleme bei Pflegeversicherungs- oder Rentenanträgen. Wir helfen Menschen, Widerspruch einzulegen, wenn ihre Anträge abgelehnt wurden. Von Krankheiten jeder Art hören wir jeden Tag. An uns wenden sich Menschen, die nicht mehr weiterwissen, weil sie durch das Sozialnetz fallen. Ich bin keine Juristin, ich bin für die Mitglieder, das Telefon und spontanen Besuch zuständig. Dabei erfährt man so viele menschliche Tragödien. Manche brauchen einfach nur mal ein Gegenüber, bei dem sie ihre Sorgen und ihren Frust abladen können. Auch das höre ich mir an. Ich mache diese Arbeit gern. Es tut gut, zu merken, dass man Menschen helfen kann.

Aber heute bin ich durcheinander und die Ruhe und Gelassenheit meiner Arbeitskollegen tun mir gut. Das wird doch nur gemacht, um einen Verdacht abzuklären. Nur abklären. Nur, um ganz sicher zu gehen. Das muss doch gar nicht bösartig sein. Davon war doch gar nicht die Rede. Das böse Krebswort hat doch gar keiner in den Mund genommen. Darum Schluss jetzt. Heute ist mein freier Tag. Und der war eigentlich schon fest verplant. Ich mache mich auf den Weg zum Einkaufen. Im Supermarkt schiebe ich planlos meinen Einkaufswagen vor mir her, weiß plötzlich nicht mehr, was ich einkaufen soll. Stattdessen rebelliert mein Magen. Da drin krampft sich alles zusammen. Was ist denn los mit mir? Was soll das? Wahrscheinlich ist es einfach die Müdigkeit. Ich bin erschöpft, das wird es sein.

Zu Hause angekommen, mache ich mir einen Tee. Nur ein paar Minuten ausruhen, dann wird es schon wieder gehen. Das Telefon klingelt. Mein Mann ruft an. Erleichtert atme ich auf. Das ist doch wohl Gedankenübertragung!? Nein, ist es nicht. Mein Mann ist selbst am Ende. Er und seine vier Brüder leiten eine eigene Firma. Ein Stahlhandel, der sich zusätzlich auf die Demontage von Windkraftanlagen spezialisiert hat. Und da bricht gerade alles zusammen. Ein wichtiger Kunde zieht seine Aufträge zurück. Mein Mann ist vollkommen fertig. Ich kann ihm jetzt nichts von meinem Verdacht erzählen. Also versuche ich, ihn zu trösten. Ich sage Sätze wie: Lass den Kopf nicht hängen. Da kommen andere Firmen, neue Kunden. Wo eine Türe zugeht, geht woanders eine andere auf. Ich staune dabei über mich selbst. Nach dem Telefonat breche ich weinend zusammen, lasse die Tränen die Wangen runterrollen.

Lieber Gott, was passiert da gerade? Bitte, mein himmlischer Vater, lass das alles nicht wahr sein! Mach das weg. Mein Herz rast, ich fühle mich so hilflos, die Situation ist so unwirklich. Mein einziger Strohhalm ist Gott. Er ist, wie immer, nur ein Gebet von mir entfernt. Und so bete ich. Werfe ihm alles vor die Füße, heule, klage, frage ihn, was er sich dabei denkt.

Und plötzlich spüre ich diese wunderbare Ruhe in mir. Gott ist da, ich spüre es ganz genau. Mein Herz atmet auf. Es kann mir nichts passieren, das Gott nicht zulässt. Und Gott weiß, was er tut. Seine Ruhe, sein Frieden tragen mich. Ich habe keine Angst mehr. Zumindest nicht in diesem Moment. In diesem winzigen Moment lasse ich mich tragen und alles ist gut.

Trotzdem will ich auch mit einem Menschen sprechen, unbedingt! Ich muss mit jemandem reden. Jetzt gleich. Sonst ersticke ich. Mein Hausarzt Dr. Schumann* fällt mir ein. Ja, den rufe ich an. Tatsächlich werde ich direkt

*Name von der Redaktion verändert

durchgestellt. Er kennt mich seit 15 Jahren. Unter Tränen berichte ich ihm, was passiert ist. Er versucht mich zu beruhigen und bietet mir sofort an, dass ich morgen nach der Mammografie bei ihm vorbeikommen kann. Erleichtert lege ich auf. Das wird schon. Das wird schon. Immer wieder sage ich mir das vor.

Schließlich mache ich mich daran, ein Mittagessen vorzubereiten. Mich ablenken. Das wird das Beste sein. Marvin und Sarah kommen aus der Schule. Arnd von der Arbeit. Zusammen essen wir. Arnd hat sich etwas vom ersten Schock erholt. Allerdings nur ein bisschen. Der Verlust des Kunden schmerzt. Später kommt Theresa, unsere Jüngste. Ihre Schule liegt etwas weiter entfernt, so dass sie mit dem Bus fahren muss und immer die Letzte ist, die zu Hause ankommt.

Der Alltag hat mich wieder. Hausaufgaben, Vokabeln abfragen. Sarah muss zur Krankengymnastik. Theresa zum Tanzen, und die Bügelwäsche starrt mich an. Abends falle ich einfach nur noch müde ins Bett. Was für ein Tag! Am nächsten Morgen gehe ich zur Mammografie. Der Arzt ist sehr freundlich, allerdings nur vertretungsweise da. Er sieht einen Knoten auf der Aufnahme, findet diesen aber nicht weiter bedenklich. Na also! Hab mich völlig umsonst verrückt gemacht.

Trotzdem fahre ich weiter zu meinem Hausarzt. Auf seinem Ultraschallgerät ist der Knoten deutlich zu erkennen. Mist! Er schallt weiter über meinen gesamten Oberkörper.

Aber da ist alles in Ordnung. Gut. Der Knoten scheint also ein Einzelkämpfer zu sein. Dr. Schumann legt mir nahe, den Knoten so schnell wie möglich entfernen zu lassen. „Damit ist bestimmt alles erledigt", sagt er zu mir. Ich glaube ihm, will ihm das glauben. Verstehe aber auch, um eine Operation komme ich nicht herum.

Draußen ist herrliches Wetter, die Sonne scheint und es ist richtig warm, obwohl erst März ist. Ich habe ein bisschen Zeit zwischen zwei Terminen und spaziere am plätschernden Bach entlang. Über mir zwitschern Vögel und ich genieße mein erstes Eis in diesem Jahr. Ein Vanilleeis mit Mangoüberzug, lecker. Ich liebe das. Die erwachende Natur fesselt mich immer wieder. Wie wunderbar das alles ist. Wie oft rase ich nur so durch den Tag. Doch nun stehe ich da, sehe die ersten Veilchen und die frischen Baumknospen und freue mich darüber. Diesen blöden Verdacht werde ich einfach ignorieren, ihm verbieten, sich in meinem Kopf breit zu machen. Jetzt gerade geht es mir so gut! Das lasse ich mir nicht kaputt machen! Nur ich, der Bach, die Frühlingssonne und der Duft nach Grün. Ich bin Gott so dankbar für diesen Morgen.

Am Abend ruft mich meine Frauenärztin an. Sie möchte wissen, wie die Untersuchung heute Morgen gelaufen ist. Gut gelaunt berichte ich ihr, dass der Arzt den Knoten ziemlich gelassen sah, aber auch gesagt habe, dass er eigentlich für Mammografien gar nicht zuständig sei. Sie wirkt irritiert. Antwortet, dass sie das nicht verstehen könne. Im selben Atemzug gibt sie mir einen Termin für nächste Woche in den Ev. Kliniken in Gelsenkirchen durch.

Die Klinik kenne ich, da war ich vor zwei Jahren schon mal, um meine Zysten überprüfen zu lassen. Das beruhigt mich. Der Arzt damals war zwar nicht die Freundlichkeit in Person, aber die Diagnose, nur eine Zyste, eindeutig. Als ich auflege, wird mir bewusst, dass meine Ärztin nicht nur angerufen hat, weil sie mich so nett findet, sondern weil sie sich tatsächlich Sorgen macht. Sie würde das nicht alles für mich organisieren, wenn da nichts wäre. Das macht mir Angst. In einer Woche muss ich da hin. Es ist wohl doch an der Zeit, meinen Mann einzuweihen, Probleme in der Firma hin oder her. Er muss es wissen – und ich brauche ihn jetzt. So schonend wie möglich versuche ich ihm zu erklären, dass bei mir ein Knoten in der rechten Brust gefunden wurde. Nächste Woche muss ich in die Klinik, um zu klären, wie es weitergeht. Er reagiert aufgeregt, doch als ich von den Untersuchungen heute berichte, die ergeben haben, dass es wirklich nur dieser eine Knoten ist, beruhigt er sich. Unseren Kindern sagen wir vorerst nichts, beschließen wir.

Vorstellung in den Ev. Kliniken Gelsenkirchen

Eigentlich wäre ich genau jetzt bereits auf einer Schulung der Deutschen Rentenversicherung. Vor anderthalb Jahren wurde ich zur Versichertenältesten der Deutschen

Rentenversicherung (DRV) gewählt. Das hört sich ziemlich hochtrabend an, ist aber ein Ehrenamt, das mich befähigt, Rentenberatungen durchzuführen und bei der Antragstellung von Renten zu helfen. Als ich das erste Mal einen Rentenantrag in meinen Händen hielt, dachte ich, dieser Blätterwald sei ein Scherz. Unmöglich, dachte ich, da kann keiner durchsteigen. Doch die Schulungen belehrten mich eines Besseren. Der Antrag ist umfangreich, aber die Arbeit macht trotzdem Spaß. Der Antragsteller erzählt mir dabei sein halbes Leben. Da ich nicht unter Zeitdruck stehe, kann ich einfach zuhören. Für knapp zwei Stunden sind diese Menschen und ich ein Team. Viele vertrauen sich mir völlig an. Die Schulungen, die zweimal pro Jahr stattfinden, sollen mich auf den neuesten Stand bringen. Das ist wichtig. Für mich sind sie aber immer auch noch mehr. Eine Woche Auszeit vom Familienalltag. Nette Mitstreiter, ein guter Austausch über Tipps und Anregungen für die Beratungen und leckeres Essen. Darum wollte ich auch nicht komplett auf diese Schulung verzichten. Da ich erst für Mittwochnachmittag einen Termin in der Klinik bekommen hatte, könnte ich doch von Montag bis Mittwochmittag an der Schulung teilnehmen. Mich nett ablenken lassen. Das ist gerade eh das Beste, was ich tun kann. Bloß nicht nachdenken müssen, nicht über diesen Verdacht. Den Kopf mit anderen Dingen füttern.

Der erste Schulungstag war der Besichtigung der DRV in Münster gewidmet. Ein riesiges Gebäude. Hier werden also die ganzen Anträge bearbeitet, staunen wir fast ein bisschen ehrfurchtsvoll. Der Direktor nimmt sich die Zeit, uns in einem kleinen Vortrag über die Pläne und Vorstellungen der Versicherung zu unterrichten. Ich sauge alles auf, was er referiert, um bloß nicht an diesen blöden Knoten denken zu müssen!

Aber der Mittwoch kommt näher – und somit der Termin im Krankenhaus. Direkt von meiner Schulung fahre ich zur Klinik. Eine gute Stunde dauert die Autofahrt von Osnabrück nach Gelsenkirchen. Das wird, denke ich. Alle Schulungsteilnehmer haben mich herzlich und mit so guten Wünschen verabschiedet. Ich bin voller Optimismus, lege mir eine CD ein und bin froh, es genau so entschieden zu haben. Die zweieinhalb Tage Auszeit von zu Hause haben mir gut getan und es war richtig, dass ich allein zur Klinik fahren wollte. Ich kann das. Ich brauche jetzt niemanden, der mich begleitet, und ich will auch gerade niemanden, für den ich mich irgendwie benehmen müsste. In dieser Stimmung komme ich in der Klinik an: einen Termin wahrnehmen und dann wieder verschwinden.

Der Arzt, der mich untersucht, ist sehr freundlich und er ist sehr deutlich. „Zu 90 Prozent ist dieser Knoten bösartig", stellt er sachlich fest. „Doch um mit Gewissheit zu klären, ob eine Operation oder doch mehr nötig ist, müssen wir eine Biopsie durchführen." „Was verstehen Sie unter mehr?", frage ich. „Chemotherapie", lautet seine knappe Antwort.

Jetzt ist es raus. Das, was sich bis jetzt keiner getraut hat, auszusprechen. Das, wovor ich mich die ganze Zeit gefürchtet habe. Dieser Arzt nennt es einfach so beim Namen. In gewisser Hinsicht bin ich ihm sogar dankbar dafür. Jetzt ist es ausgesprochen. Vielleicht kann ich besser damit umgehen, wenn es offen ausgesprochen ist und nicht nur durch meinen Kopf spukt. In meinem Kopf arbeitet es auf Hochtouren.

*

Chemotherapie… wie gut ich die kenne! Vor mehr als 25 Jahren hatte ich meine erste Chemo. Lymphknotenkrebs, festgestellt durch meinen mir sehr liebgewonnenen Hausarzt Dr. Heinzmann. Ich war dreizehn, als bei mir die Diagnose Morbus Hodgkin gestellt wurde. Damals habe ich noch gar nicht verstanden, was los ist, was da mit mir passiert. Eine Chemotherapie wurde mir verordnet, 30 Kilometer von zu Hause in der Stuttgarter Kinderklinik Olgahospital, im „Olgäle“, wie es die Schwaben nennen. Die „verpackte“ ich auch ganz gut. Das Schlimmste für mich war der Haarausfall. Vom Cortison bekam ich ein dickes Gesicht. Ich fühlte mich so hässlich. Unmengen an Tabletten musste ich jeden Morgen einnehmen. Und dann kam die Bestrahlung! Allein schon dieses riesige Gerät, unter das ich mich jeden Tag vier Wochen lang legen musste, jagte mir Schauer über den Rücken. Das war so furchtbar. In der Schule hatte ich wegen meiner

Krankheit eine absolute Sonderstellung. Ich durfte mir so ziemlich alles erlauben, durfte kommen und gehen, wie mir danach war. Während der Chemotherapie untersagten meine Klinikärzte mir den Schulbesuch, da mein Immunsystem zu sehr angegriffen war. Ich gehorchte brav und blieb daheim. Fast jeden Tag kam eine Freundin vorbei und zeigte mir alles, was sie im Unterricht gemacht hatten. Doch Tag für Tag allein zu Hause zu hocken, war nicht wirklich schön. Während der Bestrahlungen durfte ich dann wieder zur Schule. Ein Taxifahrer holte mich täglich an der Schule ab, um mich direkt von dort zu den Bestrahlungen in die Stuttgarter Klinik zu fahren. Was für ein Aufsehen! Meine halbe Klasse begleitete mich täglich zum Taxi. Nach vier Monaten war alles überstanden. Ich war geheilt, versicherten die Ärzte mir und meinen Eltern.

Doch ungefähr zwei Jahre später, mittlerweile war ich sechzehn Jahre alt, hatte ich plötzlich starke Schluckbeschwerden. Mein Hausarzt stellte beim Ultraschall ein Rezidiv fest. Der Lymphknotentumor war zurückgekehrt. Ein Rückfall. Schock!

Wieder wurde ich ins Olgahospital eingewiesen, wieder wurde eine Gewebeprobe aus dem zuvor erkrankten Lymphknoten entnommen. Nach fünf Tagen wurde ich mit der Information entlassen, mein Hausarzt habe Blödsinn erzählt, ich wäre vollkommen gesund. Die Biopsie würde keinen Anhalt für einen Rückfall bieten. Na, Gott sei Dank. Ich glaubte den Klinikärzten und ging erleichtert heim. Aber die Schluckbeschwerden wurden immer schlimmer. Mein Hausarzt immer nervöser. Er wies mich nochmals in die Kinderklinik ein. Diesmal beschimpften die Klinikärzte meinen Hausarzt auf das Schlimmste. Sie warfen ihm vor, unnötig Angst und Schrecken zu verbreiten. Mittlerweile waren fast vier Monate vergangen. Ich selbst konnte inzwischen nur noch Brei essen, so stark waren die Schluckbeschwerden. Daraufhin zog mein Hausarzt die Reißleine. Er wies mich in eine andere Klinik ein. Der Chefarzt dort nahm sich meiner an. Eine einzige Computertomografie (CT) wurde gemacht und die Vermutung meines Hausarztes bestätigte sich. Ich hatte ein Rezidiv. Mir wurde empfohlen, mich erneut in der Kinderklinik behandeln zu lassen, da ich in der Onkologie für Erwachsene noch nichts verloren hätte.

Also kamen meine Eltern und ich wieder in der Kinderklinik an. Als die Ärzte die Bilder der Tomografie sahen, verstummten sie. Ich hatte das Gefühl, keiner wollte wahrhaben, was da schwarz auf weiß zu sehen war. Ich war das blühende Leben, hatte Blutwerte, die genial gut waren, und dann so eine Diagnose, das will niemand wahrhaben. Auch meine Ärzte nicht, ich spürte, wie sehr auch sie von dieser Diagnose schockiert waren. Sechs Monate Chemotherapie plus Bestrahlung. So war der Plan. Von der Chemo weiß ich nicht mehr viel, nur dass ich mich oft stundenlang übergeben musste. Dazwischen habe ich Sprudelwasser getrunken, damit der Brechreiz nicht so schmerzte. Ich erinnere mich, dass wir Chemo-Patienten sogar zu den Schwestern in die Küche kommen durften und dass wir zu essen bekamen, was wir wollten. Hauptsache war, wir aßen überhaupt etwas. Auf der Station waren krebskranke Kinder in allen Altersstufen, vom Baby bis zum Teenager. Die Gespräche in der Küche taten gut. Die Küche strahlte Normalität aus und hob sich damit so wohltuend von der übrigen Krankenhauswelt ab.

In der Stuttgarter Kinderklinik lernte ich meine Freundin Tanja kennen. Sie kam als ahnungsloser „Frischling" in die Küche, und da saß ich und klärte sie über den Alltag auf der Station und die Therapien, die sie erwarteten, auf. Zwischen uns entstand mehr als eine Schicksalsgemeinschaft, es wurde eine Freundschaft fürs Leben.

Zwei Ärzte sind mir in Erinnerung geblieben. Einer von ihnen, Dr. Tausch, kam jeden Abend zu mir aufs Zimmer, blieb fünf Minuten an meinem Bett stehen, sagte dabei kein Wort, und ging dann wieder. Das machte er bei jedem so. Auch während der Behandlung und den Untersuchungen sprach er fast nichts. Das war komisch, zugleich aber bewahrte es mich davor, Fragen beantworten zu müssen, die ich nicht beantworten mochte. Der andere, Dr. Maaß, war ein herzlicher und liebenswürdiger Mensch, der sich meine Fragen und Ängste anhörte und die Gabe hatte, Infusionsnadeln so zu legen, dass es nicht wehtat. Er war immer gut gelaunt und für ein Späßchen zu haben. Beide mochte ich sehr gerne.

Meine Haare fielen mir nach einigen Wochen wieder büschelweise aus, bis meine Freundin Manuela, die zu der Zeit eine Ausbildung zur Friseurin machte, sie mir beherzt abrasierte. Ich bin ihr heute noch dankbar dafür, dass sie den Mut dazu hatte. Sie war auch diejenige, die mir das Gefühl gab, eine halbwegs normale Sechzehnjährige zu sein. Sie schminkte mich, stylte meine Haare so, dass es nicht so auffiel, wie sie immer weniger wurden, und gab mir ihre Klamotten. Die Perücke, die ich bekommen hatte und die mir überhaupt nicht stand, peppte sie mit Haarbändern oder Strähnchen auf. Damit schleppte sie mich dann auf Partys, zu denen ich allein nie gegangen wäre. In einem ohnehin schwierigen Alter tat die Krankheit ihr Übriges, um mich klein und eben nicht normal zu fühlen. Das gipfelte darin, dass ich mich regelrecht für mein Kranksein schämte. Ganz besonders schwer fiel es mir dabei, zu sehen, wie sehr meine Eltern litten, weil sie sich unentwegt um mich sorgten. Ich wollte das nicht. Ich wollte nicht schuld daran sein, dass sie schlaflose Nächte hatten.

Auf der Station lernte ich viele andere Jugendliche kennen. Die Devise hieß: Geteiltes Leid ist halbes Leid. Zusammen standen wir die Chemos durch, bedauerten unsere aufgequollenen Cortisongesichter, machten Scherze mit den Krankenschwestern und liefen mit unseren piepsenden Infusomaten durch die Gänge. Hier fühlte sich das fast normal an.

Ich erinnere mich an eine freundliche Psychologin und den Sozialarbeiter der Station. Beide haben uns immer wieder motiviert und unsere Tränen aufgefangen. Ich erinnere mich an die liebevollen Krankenschwestern, die oft stundenlang neben mir standen und eine Spuckschale nach der anderen auswechselten und mich nicht alleine ließen.

Ich erinnere mich an den Fernseher auf dem Zimmer, den es zu Hause nicht gab, und an die Micky Maus-Telefone, die an jedem Bett standen. Oft versteckte ich mich hinter meinen Büchern, versuchte beim Lesen in eine andere Welt abzutauchen. In den Nächten zu Hause saß ich, wenn ich nicht schlafen konnte, meist an meinem CB-Funkgerät. Ich hatte auf dieser Wellenlänge viele Freunde und fast immer war einer von ihnen erreichbar.

Meine Eltern kamen vor Angst um mich fast um. „Wenn dieses Rezidiv nicht besiegt wird, dann können wir nichts mehr für Ihre Tochter tun!“ Dieser Satz aus dem Mund eines behandelnden Arztes hatte sich in ihr Herz und Hirn gebrannt. Die folgenden sechs Monate waren sie praktisch in ununterbrochener Alarmbereitschaft. Ich hingegen war mutiger geworden! Trotz Chemotherapie ging ich zur Schule. Mein Sozialarbeiter, Ralf, ging am ersten Tag mit und klärte meine Klassenkameraden über meine Krankheit auf. Das war eine große Erleichterung für mich. Diesmal wollte ich partout nicht wieder vollkommen isoliert zu Hause sitzen. Ich hätte den Anschluss an die anderen komplett verloren. Ich wollte mit den anderen in der Klasse sitzen, abends ausgehen, Spaß haben, das Leben genießen. Die Ärzte waren natürlich nicht sehr angetan von meinem Vorhaben, doch das war mir herzlich egal. Sicher, Schule und Chemo nebeneinander waren anstrengend, und es trieb meine Ärzte schier in den Wahnsinn, wenn ich mit 600 Leukos (normal sind 12 000) zur Schule ging, aber es ging doch alles gut.

Nach sechs Monaten Chemotherapie folgte die Bestrahlung. Ein Gräuel. Jeden Tag fuhr mich mein Vater in den Strahlenbunker, der Taxiservice, den ich bei meiner ersten Krebserkrankung genossen hatte, wurde nicht mehr von der Krankenkasse bezahlt.

Irgendwie gingen auch diese vier Wochen vorbei, und die Therapie galt als erfolgreich abgeschlossen. Zur Sicherheit wurde eine Operation angesetzt, um zu überprüfen, ob noch Tumorgewebe zurückgeblieben war. Die Ärzte hatten also dazugelernt! Nach zehn Monaten hatte ich alles überstanden. Mein Leben hatte mich zurück und ich schwor mir, das Wort „Chemotherapie“ nie wieder in den Mund zu nehmen.

*

Ich fahre von Gelsenkirchen nach Hause, der Autopilot fährt, denn in meinem Kopf fährt es Achterbahn. Natürlich habe ich dem Arzt sofort erzählt, dass ich bereits zwei Chemotherapien und Bestrahlungen hinter mir habe. Und ich habe ihm erzählt, dass ich seitdem an einer Langzeitstudie von Professor Schellong teilnehme. Durch diese Studie wusste ich, dass Frauen mit meiner Vorerkrankung häufig später an Brustkrebs erkranken und darum eine besonders sorgfältige Vorsorge stattfinden sollte. Natürlich habe ich mich regelmäßig untersuchen lassen, aber es von mir geschoben, mir weitere Gedanken dazu zu machen. Und jetzt sitze ich mittendrin! Jetzt bin ich plötzlich so ein Fall aus der Lehrbuchstatistik. Die Angst breitet sich aus. Ich mache mir Sorgen um meinen Mann, meine Kinder, meine Eltern, meine Brüder. Wie werden sie damit umgehen? Die meiste Sorge gilt meinen Kindern. Marvin ist fünfzehn, Sarah dreizehn und Theresa elf. Da hat man doch ganz andere Dinge im Kopf. Ich weiß das. Es bricht mir das Herz.

Ich verhandle mit Gott. Biete ihm an, mir mehr Zeit für ihn zu nehmen und nicht so durchs Leben zu rasen. Meine vielen Ehrenämter abtreten! Ich will keine Chemo. Oh, Herr, bitte erspare mir das. Werde ich sterben? Gott, was machst du da? Ich hatte so gehofft und so gebetet, dass dieser Knoten einfach verschwindet. Gott kann doch Wunder vollbringen. Warum nicht hier und jetzt? So viele Fragen. Was, wenn der Tumor schon gestreut hat? Die ganze Autofahrt durch bete und klage ich. Ich fühle mich so allein.

Zu Hause angekommen, rufe ich meinen Mann an, er kommt sofort. Ich erzähle ihm die niederschmetternde

Nachricht und auch, dass ich nächste Woche in die Klinik zur Stanzbiopsie muss. Er nimmt mich in den Arm, hält mich fest. Wir sind beide hilflos. Es schmerzt mich so sehr, dass ich für dieses ganze Leid verantwortlich bin. Das werfe ich Gott vor. Später reden wir mit unseren Kindern. Das Wort „Krebs" wird nicht in den Mund genommen. Aber ich bin mir ganz sicher, die beiden Älteren werden sich direkt im Internet schlaumachen.

Ich spüre, dass ich mich nicht nur auf die Aussage eines Arztes verlassen kann. Auch Ärzte können sich vertun, das hatte ich schließlich schon erlebt. Ich brauche eine Zweitmeinung und rufe bei der Uniklinik in Münster an. Tatsächlich kann ich schon am nächsten Tag kommen. Die Diagnose ist die Gleiche. Ein Herd im Ausmaß von einem Zentimeter in der rechten Brust. Der behandelnde Radiologe, Dr. Püsken, ist sehr freundlich. Er untersucht die Stelle gründlich und macht mir Mut. Erklärt mir, dass die Größe des Knotens hervorragende Heilungschancen hätte. Doch die kommende Woche wird lang.

Dabei passiert so viel in dieser Woche. Direkt am nächsten Tag bin ich beim Notar. Seit zwei Jahren wollen mein Mann und ich meinen Schwiegereltern ein Grundstück in Berlin abkaufen. Jetzt haben die Banken endlich ihr Okay gegeben und der Vertrag konnte aufgesetzt werden. Das Grundstück soll mir gehören. Meine Eltern unterstützen uns dabei finanziell. Es ist quasi meine Altersvorsorge und endlich ein wesentlicher Schritt weiter zu meiner geplanten Seniorenwohngemeinschaft. Eigentlich also ein Grund zur Freude. Leidenschaftslos schleppe ich mich zum Notar. Ich weiß ja noch nicht einmal, ob ich das nächste Jahr überlebe. Trotzdem unterschreibe ich den Vertrag.

Am Wochenende fahren wir nach Stuttgart. Meine liebe Tante Hilde wird siebzig Jahre alt. Mit meinem Mann und unseren Kindern habe ich beschlossen, niemandem etwas von diesem Verdacht zu erzählen. Nur meine Brüder wissen Bescheid und meine Tante Hilde. Ich möchte den Geburtstag nicht verderben und vor allem möchte ich meine Eltern nicht verängstigt sehen. Im Moment habe ich keine Kraft, sie zu trösten, also ist es einfacher zu schweigen. Wir werden schlicht einen schönen Abend mit leckerem Essen genießen und dann wieder nach Hause fahren.

Während der Feier schießt es mir durch den Kopf: Ist es das letzte Mal, dass du hier bist? Gleichzeitig finde ich es schön, jetzt, gerade jetzt, einfach so am Leben teilzuhaben. Meine Verwandten sind alle sehr lieb. Schon immer war ich für sie etwas ganz Besonderes, weil ich damals den Krebs besiegt habe. Danach bin ich nach Nordrhein-Westfalen gezogen, habe geheiratet und drei wunderbare Kinder bekommen. Deshalb wusste ich auch, welchen großen Schmerz, welche Angst das auslösen würde, wenn ich hier von diesem schwerwiegenden Verdacht erzählen würde.

Außerdem hoffe ich immer noch ein bisschen auf ein Wunder. Ich bete so sehr darum. Und, lieber Gott, wenn schon kein Wunder, dann doch bitte keine Chemo. Bitte!

Ich darf Gott vertrauen

Nach knapp 45 Minuten Autofahrt kommen mein Mann und ich in Gelsenkirchen an. Die Ev. Kliniken liegen mitten in der Innenstadt. Ab zur Anmeldung. Ich will nicht! Die Anmeldung ist hoffnungslos überfüllt. So werde ich es nie pünktlich auf die Station schaffen. Auch egal, ich will ja eh nicht hin. Etwas verspätet treffen wir auf der Senologie ein und ich bekomme mein Zimmer zugewiesen. Heute werde ich hier von oben bis unten durchgecheckt. Knochenszintigramm, Ultraschall, Röntgen, Mammografie, Biopsie. Die Ärzte und Schwestern sind unsagbar freundlich und versuchen mir die Angst zu nehmen. Zu den Untersuchungsterminen werden eine Mitpatientin und ich die ganze Zeit von einer Schwester begleitet, damit wir uns nicht verlaufen. Das ist so liebenswürdig. Die Zimmer sind alle in einem hellen und fröhlichen Orange gestrichen. Ein kleiner Schutzengel steht auf jedem Nachttisch. Trotz der Angst fühle ich mich in dieser Umgebung sehr wohl, sehr behütet. Der Aufenthaltsraum am Ende des Flures ist Auffangort für alle, die es nicht mehr im Zimmer aushalten. Ich gehe allerdings lieber nach draußen in den angrenzenden Park. Spazierengehen hilft mir mehr.

Ich halte Zwiesprache mit meinem himmlischen Vater. Matthäus 6, Vers 26 und 27 begleiten mich: „Seht euch die Vögel des Himmels an: Sie säen nicht, sie ernten nicht und sammeln keine Vorräte in Scheunen; und doch ernährt sie euer himmlischer Vater. Seid ihr nicht viel mehr wert als sie? Wer von euch kann mit all seinen Sorgen sein Leben auch nur um einen Tag verlängern?"

Um mich herum zwitschern Vögel fröhlich vor sich hin und das mitten in der Stadt. Ein Bild festigt sich in mir. Ich darf Gott vertrauen, egal wie die Ergebnisse ausgehen. Wenn Gott schon für die Vögel sorgt, dann wird er auch für mich da sein. Ich will vertrauen. ABER, in mir schreit der Selbermacher, der immer alles allein schaffen muss. Und nun bin ich wehrlos diesen Zellen ausgeliefert, die sich einfach in meinem Körper breitgemacht haben und die ich ohne fremde Hilfe nicht wieder loswerde.

Diagnose – Das Bündel vor der Tür

Heute ist der Tag, an dem ich meine endgültige Diagnose erhalten werde. Ich bin seit fünf Uhr wach und quäle mich mit Spekulationen über das, was da gleich auf mich zukommt. Um mich abzulenken, blättere ich im Klinikordner. Dort werden die Grundsätze der evangelischen Klinik beschrieben. Das Leitbild, schöne Worte, die nett klingen, aber sich nicht einprägen. Schon gar nicht jetzt. Ich kann mich nicht konzentrieren, die Sätze gleiten an mir vorbei, ohne dass ich hinterher sagen könnte, was da gestanden hat. Dann aber stoße ich auf einen Artikel über das Gebet. Wenn andere Menschen für einen Kranken beten, so lese ich, würde sich das heilend auf den Kranken auswirken. Für mich beten sehr viele Menschen. Freunde und Verwandte. Eigentlich müsste ich hier also vollkommen gesund entlassen werden. Der Artikel stimmt mich optimistisch. Gott wird mir das nicht antun. Niemals wird er mir noch eine Chemo zumuten!

Um 7:30 Uhr kommt das erste Ärzte-Duo in mein Zimmer. Höflich erkundigen sich die beiden nach dem Wohlbefinden meiner Zimmernachbarin und mir. Im Grunde geht es mir ja gut. Ich habe keine Schmerzen, kein Fieber, nichts, womit man im Bett liegen müsste. Aber ich liege im Bett und höre mich sagen, dass ich furchtbare Angst vor dem Ergebnis habe. Die beiden trösten mich, erklären mir, dass bei den Untersuchungen gestern keine weiteren Knoten gefunden wurden. Weder bei den Röntgenaufnahmen der Brust, noch beim Knochenszintigramm, bei dem alle Knochen geröntgt wurden. Das klingt gut. Ich atme auf. Na also, die Gebete wirken. Dann sind die beiden auch schon wieder weg.

Zehn Minuten später kommt der Chefarzt, Dr. Abdallah, persönlich vorbei. Freundlich reicht er mir die Hand, während ein Kollege ihn darüber aufklärt, warum ich hier bin. Ich könnte das selbst tun, aber in diesem Moment ist es in Ordnung, dass ein anderer das für mich übernimmt. Dr. Abdallah lächelt mich an und wünscht mir alles Gute.

Alle hier wünschen mir dauernd alles Gute. Das muss doch was heißen.

Meine Zimmernachbarin ist klasse. Sie erzählt mir, dass sie eigentlich in Koblenz wohnt und nur hierher nach Gelsenkirchen gekommen sei, weil sie sich von der Klinik so viel verspreche. Sie hatte mehrere Knoten in der Brust, die ihr gestern entfernt wurden. Zum Glück waren alle gutartig. Ihre Eltern sind heute extra mit dem Zug aus Koblenz angereist, um sie zu besuchen. Ich höre ihr gern zu, es lenkt mich ab, lässt mich die Wartezeit ertragen. Wie sehr hatte ich darum gebetet, dass mir das Warten nicht so schwer fällt.

Mein Mann kommt und um kurz nach 10 Uhr betritt Dr. Fischer das Zimmer. Er ist ein Arzt wie aus einer Fernsehsoap gesprungen, braun gebrannt, längere blonde Haare, die ihm locker ins Gesicht fallen. Ein souverän freundliches Auftreten. Ein Arzt, der ausstrahlt, alle Probleme der Welt lächelnd lösen zu können. Er bittet uns mitzukommen. Das ist aber nett, denke ich noch, dass er sich die Zeit nimmt, um mit uns in ein Besprechungszimmer zu gehen, wo nicht alle mithören können. Im Zimmer angekommen, gesellt sich eine Frau zu uns, die sich uns höflich als Psychoonkologin vorstellt. Eigentlich müsste ich genau jetzt schon stutzig werden. Dr. Fischer bittet uns, Platz zu nehmen. Wir setzen uns. Er schaut uns einen Moment lang an, dann nimmt er meine Hand – warum nimmt er meine Hand? – und beginnt: „Ja, Frau Heintze,

Herr Heintze, leider ist das Ergebnis nicht gut." Nicht gut? „Der Knoten in der rechten Brust ist von bösartigen Zellen befallen. Sie haben ein invasiv-ductales Mammakarzinom. Zwei Lymphknoten sind auch befallen. Einer direkt in der Brust, einer unter der rechten Achsel. In diesem Falle ist ein Chemotherapie unumgänglich."

Ich schlage mir die Hände vors Gesicht. Nein, nein, nein, keine Chemotherapie. Das geht nicht! Das kann ich nicht! Niemals! Ich weine. Ich will schreien, schreie in Gedanken zu Gott. Ich habe mich bestimmt verhört. Ich muss mich verhört haben. Mein Mann versucht mich zu trösten. Jetzt ist er es, der meine Hand nimmt, sie streichelt und immer wieder leicht drückt. „Wir schaffen das! Du bist so stark", sagt er, aber es dringt nur mühsam zu mir durch. Die Psychologin und der Arzt verhalten sich ruhig. Sie warten ab, wollen uns vermutlich Zeit lassen, sehen, wie ich reagiere. Erst dann versuchen auch sie, mich zu beruhigen.

Nicht so einfach, schließlich weiß ich ganz genau, was da auf mich zukommt. Ich bin erschüttert. Warum lässt du das zu, Gott? Warum diese Lymphknoten? Warum eine Chemotherapie? Sofort sehe ich die Infusionen vor mir, dieses schrecklich rote Zeug, und die Spuckschalen, die ich gereicht bekam, mitunter eine nach der anderen. Und ich habe sofort wieder den Geruch der Stuttgarter Klinik in der Nase. Das ist ekelhaft.

Der Arzt und die Psychologin warten ab, bis ich mich wieder einigermaßen gefangen habe. Mein Mann hält mich noch immer. Das ist sehr lieb. Aber ich weiß, wie schlimm eine Chemo ist, er nicht. Trotzdem tut sein ahnungsloser Optimismus mir doch irgendwie gut. Ich habe plötzlich tausend Fragen. Wie lange wird die Therapie gehen? Wie sind die Erfolgsaussichten? Welche Medikamente? Werde ich meine Haare verlieren?

Dr. Fischer geht den Therapieplan mit uns durch: Sechs Monate Chemotherapie à vier Blöcke EC sowie vier (zwölf) Blöcke Paclitaxel. Ich kenne diese Mittel nicht. Anschließend eine Operation und voraussichtlich 33 Bestrahlungen. Auch das noch! Schon bei dem Wort „Bestrahlung" bekomme ich regelrechte Hassgefühle. Dr. Fischer schlägt vor, dass ich mich im Marien Hospital in Herne bei Professor Strumberg vorstellen soll. Da ich schon zwei Chemotherapien hatte, muss abgeklärt werden, welche Medikamente bei mir noch angewandt werden können. Diese Klinik ist darauf spezialisiert. Wenn es für mich in Ordnung sei, würde er jetzt direkt einen Termin vereinbaren. Ich nicke, aber beim Wort Professor werden in mir zwanzig Jahre alte Jugenderinnerungen wach. Meine Gedanken arbeiten: Beim Professor muss man sich doch nur vorstellen, wenn die Sache nicht wirklich gut aussieht? Oder wenn renitente Patienten nicht das tun, was sie sollen.

*

Nach meiner zweiten Chemotherapie 1990 hatte ich mich geweigert, mich bestrahlen zu lassen. Die Ärzte versuchten mich umzustimmen, bissen aber bei mir auf Granit. Ich war wild entschlossen, dass ich das kein weiteres Mal über mich ergehen lassen wollte. Also wurde ein Termin mit dem Professor vereinbart, zusammen mit meinen Eltern. Ich war siebzehn und ich wusste, dass durch das Bestrahlen Zweittumore entstehen können. Das fand ich keine rosige Aussicht, zumal ich an genau derselben Stelle ja bereits bestrahlt worden war. Darum lehnte ich ab und erklärte das auch dem Professor. Der war zuerst noch ganz freundlich, aber als er merkte, dass ich nicht bereit war, nachzugeben, fuhr er härtere Geschütze auf. Wenn ich mich nicht bestrahlen lassen wollte, wäre eine Knochenmarktransplantation die einzige Möglichkeit, diesen Tumor zu bekämpfen. Eine Alternative gäbe es nicht. Entweder Bestrahlen oder Transplantation! Damit hatte ich nicht gerechnet. Meine Eltern und ich waren gleichermaßen schockiert. Die Nummer war zu hoch. Ich wagte einen letzten Versuch, warf ein, dass Knochenmarktransplantationen doch nur bei Leukämiepatienten gemacht würden. Der Professor schüttelte den Kopf: Nein, das ginge grundsätzlich auch bei Hodgkin. In diesem Fall müsste ich sechs Wochen in ein Isolierzelt, wo mein Immunsystem komplett runtergefahren werde. Dabei bestünde das Risiko, dass ich das nicht überleben würde. Meine Eltern waren völlig verzweifelt und ich gab nach. Meinen Eltern zuliebe willigte ich ein, mich erneut bestrahlen zu lassen.

Noch heute habe ich das Gefühl, dass damals mit meiner und der Angst meiner Eltern gespielt wurde, um mich für das Bestrahlen zu gewinnen. Auf der anderen Seite weiß ich nicht und keiner wird es mir je sagen können, ob der Hodgkin ohne Bestrahlung vernichtet worden wäre. Aber das Gespräch war einfach nicht gut gelaufen. Und es kommt mir genau jetzt wieder in den Sinn und jagt mir eine Höllenangst ein. Was will der Professor von mir? Wie schlimm steht es wirklich um mich? Kann vielleicht doch keine Chemo durchgeführt werden? Was dann? Eigentlich fühle ich mich doch bei Dr. Fischer ganz gut und sicher aufgehoben. Ich möchte zu keinem anderen Arzt! Ich möchte auch in keiner anderen Klinik behandelt werden!

*

Ich versuche mit meinem Arzt zu verhandeln, merke jedoch schnell, dass die Diskussion zwecklos ist. Er macht eine klare Ansage: Die Operation und alle Kontrolluntersuchungen werden weiterhin hier in Gelsenkirchen stattfinden, die Chemotherapie jedoch voraussichtlich in Herne. Genau das werde er nun klären. Währenddessen sollen wir ein Vorgespräch mit dem Strahlentherapeuten führen. Da ich ja schon Bestrahlungen hatte, ist nicht klar, ob ich überhaupt noch mal bestrahlt werden kann. Während wir auf den Strahlentherapeuten warten, rufe ich meine Brüder an. Beide sind schockiert. Wir beschließen, meinen Eltern auch weiterhin erst einmal nichts von meiner Krankheit zu sagen.

Im Gespräch mit dem Strahlenexperten klärt sich, dass eine Bestrahlung bei mir wohl grundsätzlich möglich sei, jedoch erkennt auch er sofort die Gefahr. Die Organe wie Lunge, Herz und Schilddrüse würden voll mit bestrahlt werden – dann zum dritten Mal. Das wäre nicht gut. Aber habe ich eine andere Option? Mit diesen gesammelten Daten kommen wir noch einmal bei Dr. Fischer an. Er hat in der Zwischenzeit einen Termin bei Professor Strumberg für nächste Woche organisiert. Das Gespräch ist zu Ende. Wir verabschieden uns. Dr. Fischer steht auf und nimmt mich fest in den Arm, versichert mir, dass ich das schaffen werde. Was für eine wunderbare, aufbauende Geste von einem fremden Arzt! Sie gibt mir in diesem Moment tatsächlich das Gefühl, es packen zu können. „Sie haben sehr gute Heilungschancen und in Herne sind Sie gut aufgehoben." Worte, die hängen bleiben. Meinen Kampfgeist wecken. Nein, ich überlasse keinen bösartigen kleinen Zellen das Feld.

Eine Stunde später ist die Euphorie dahin und ich bin ein kleines Häufchen Elend. Seit meiner ersten Krebserkrankung habe ich panische Angst vor Spritzen und Tabletten. Das betrifft nicht das Blutabnehmen. Das ist okay und macht mir gar nichts aus. Aber sobald irgendeine Substanz in meinen Körper gespritzt wird, gerate ich in Panik. Ich bekomme augenblicklich Herzrasen, Atemnot, Schwindel und taube Hände. Mein Körper spielt komplett verrückt. Bei Tabletten das gleiche Spiel. Darum muss ich bei meinem Hausarzt auch jedes Mal die erste Tablette direkt in der Praxis einnehmen und für Impfungen muss gleich für eine Stunde ein Zimmer für mich reserviert werden, damit sich mein Körper unter ärztlicher Aufsicht wieder beruhigen kann. Wie um Himmels Willen soll ich mit diesen Panikattacken eine Chemo schaffen? Sie machen mir den Alltag ja so schon schwer genug. Auslöser müssen nämlich nicht immer irgendwelche Medikamente sein, oft kommen sie auch einfach so, wenn ich gar nicht damit rechne. Mal bekomme ich Atemnot, mal Herzrhythmusstörungen und Herzrasen. Oft kann ich nächtelang nicht schlafen, weil mein Herz wie wild in der Brust herumhämmert. Ein anderes Mal bekomme ich auf der Arbeit Sehstörungen, teilweise so schlimm, dass ich unmöglich weiter am PC sitzen kann. Oder im Supermarkt, ein halb voller Einkaufswagen und plötzlich Schweißausbrüche und das Gefühl, gleich falle ich um, gleich werde ich ohnmächtig. Immer begleitet von der panischen Angst, dass es das jetzt gewesen sein könnte, dass ich in ein paar Minuten tot sein werde. Auch jetzt wieder. Ich bin nur noch Angst. Was, wenn die Chemo umsonst ist? Wenn der blöde Tumor nicht mal davon weggeht? Oder wenn das Gift der Chemo mich umbringt. Chemo ist das reinste Gift. Und Bestrahlung halte ich auch nicht aus. Davon sterbe ich. Ich sterbe so oder so. Aber was ist dann mit meiner Familie, meinen Kindern? Warum müssen sie da mit hineingezogen werden?

Jahrelang habe ich alle möglichen Entspannungstechniken erlernt. Also stöpsele ich die Kopfhörer ein. Muskelentspannung nach Jacobsen. Normalerweise funktioniert das bei mir ganz gut. Heute jedoch überhaupt nicht. Ich kann mich nicht konzentrieren, schlucke darum hochdosierte Baldriantropfen, die aber auch nicht helfen. So geht's nicht. Nichts geht. Ich brauche professionelle Hilfe und rufe meine Psychologin, Frau Jock, an. Seit acht Jahren bin ich bei ihr in unregelmäßigen Abständen zur Behandlung meiner Panikattacken. Mittlerweile war ich eigentlich so weit, meine Attacken hinzunehmen und einigermaßen damit klarzukommen. Diese Situation aber übersteigt alle meine Strategien. Zum Glück erreiche ich meine Psychologin, sie hört sich meine Angst an und wir vereinbaren einen Termin zehn Tage später, da sie über Ostern im Urlaub ist. Danach, verspricht sie, würden wir uns gemeinsam eine neue Strategie überlegen, wie ich die Chemotherapie angehen kann. Ich bin ein bisschen erleichtert.

Meine vielen Freunde, Bekannte und Verwandte. So viele haben für mich gebetet und es tut so verdammt weh, ihnen nun die schockierende Nachricht zu beichten. Alle sind fassungslos, ratlos. Gemeinsam weinen wir viele Tränen. Aber sie versprechen mir auch: Du schaffst das, wir beten weiter für dich, wir helfen dir im Haushalt, bei den Kindern, egal wo. Wir fahren, wir kochen, wir bügeln. Das berührt mein Herz. Was für wunderbare Freunde ich doch habe. Eine ganze Kirchengemeinde stärkt mir den Rücken.

Mein Mitarbeiterteam vom Jugendgottesdienst empfängt mich zwei Tage später so herzlich. Alle versichern mir, dass ich mir keine Sorgen um das Fortbestehen des Gottesdienstes machen müsse, alles würde in meinem Sinne weitergeführt werden, bis ich wieder da wäre. Julia, unsere Pressetexterin, wusste weder von dem Verdacht noch von der Diagnose, aber als ich den Text für den nächsten Gottesdienst lese, merke ich, dass er für mich gemacht ist:

Gott hat einen Plan!

Auch wenn es uns manchmal so vorkommen mag, als würden wir orientierungslos und ohne Sinn durch dieses Leben geschubst, die Wahrheit sieht anders aus. Was immer auch geschieht, Gott hat einen Plan für unser Leben. Das besingt die Swedish House Mafia in ihrem Song „Don't you worry child", davon erzählt Jesus bei der Speisung der 5000.

Der Gott der Bibel ist ein Gott, der für seine Menschen sorgt. Aber er ist auch einer, der uns etwas zutraut. „Ihr schafft das, ihr könnt das!", ruft er uns zu. Gott legt uns genau dann sein Bündel vor die Tür, wenn er sicher ist, dass wir es nehmen können. Er hat den Masterplan, und er will, dass wir darauf vertrauen. So, wie Jesus darauf vertraut hat.

Wow, das ist wie eine persönliche Zusage Gottes an mich. Ganz klar nimmt er hier Stellung: Liebe Simone, ich weiß, du verstehst das jetzt nicht. Aber glaube mir, ich habe einen guten Plan. Irgendwann wirst du diesen Plan verstehen. Vertraue mir einfach so lange.

Meine Seele geht auf. „Du kannst nicht tiefer fallen als nur in Gottes Hand.“ Zu diesem Spruch gab es ein Bild, eine Feder, die sanft fällt. Eine weiche, kuschelige Feder. So eine wollte ich sein. Sanft und geborgen unter vielen anderen weichen Federn. Auch meine Kinder, mein Mann sind solche Federn und niemals können sie tiefer fallen als in Gottes Hand. Daran klammere ich mich fest.

Hart am Wind

PUR-Konzert in Dortmund. Lange habe ich überlegt, ob ich zu diesem Konzert mitgehe. Doch meine Freundinnen Katrin und Silke sind da ganz kompromisslos, sie ziehen mich einfach mit. Jetzt sei ich doch gesundheitlich noch voll auf der Höhe, dann könne ich auch das Konzert mitmachen, basta! Sie haben ja recht, es liegt eh eine lange Durststrecke vor mir.

Die Musikgruppe PUR begleitet mich seit meiner Jugend. Ich habe miterlebt, wie die Konzerte immer größer und bekannter wurden. Ich mag viele ihrer Lieder, da immer eine Aussage darin steckt. Und sie präsentieren mir, fern meines schwäbischen Zuhauses, ein Stück Heimat hier im Ruhrgebiet.

Das Konzert ist toll. Ich schwelge in den vielen Liedern, singe lautstark mit und nehme das Abschlusslied „Stark“

als gute Prognose für meine Zukunft: *Du bist stark, stark hart am Wind / Wie Flaute und Sturm bist du Himmels Kind / Du bist stark, stark wie der Sturm / Der in deinen Adern fließt, in dir wohnt.*

Vorstellung im Marien Hospital Herne

Mein Mann und ich sind unterwegs zum Marien Hospital in Herne. Wenn die Autobahn frei ist, dauert die Fahrt gute 20 Minuten. Nicht genug Zeit, um mich zu sortieren. Ich fühle mich leer. Die letzten beiden Tage habe ich gearbeitet, der Haushalt schreit Hilfe und morgen möchten wir über Ostern nach Sylt fahren. Immerhin – die Koffer sind fast gepackt, denn egal, was heute besprochen wird, diesen lange geplanten Kurzurlaub werden wir machen. Ich glaube, ich habe noch nie so dringend Urlaub benötigt wie jetzt. Das Meer, die salzige Luft, der Strand, leckeres Essen, meine Familie. Ich überlege, was ich vergessen haben könnte und was nachher unbedingt noch in die Koffer wandern muss.

Wir erreichen die Klinik. Die Schranke für den Parkplatz steht offen. Da müssen wir wenigstens keine Parkgebühren zahlen, freut sich mein Schwabenherz. Das Hospital sieht ganz anders aus als die Klinik in Gelsenkirchen. Ein viereckiger grauer Klotz mit vielen Stockwerken. Die Eingangshalle ist dunkel. Ein großes Aquarium soll ein Minimum an Atmosphäre verbreiten.

Wir müssen in den dritten Stock: Onkologische Ambulanz. An der Anmeldung ist viel los, doch die Mitarbeiter sind unwahrscheinlich liebenswürdig. Das gefällt mir. Die Räumlichkeiten gefallen mir im Gegensatz zu Gelsenkirchen jedoch überhaupt nicht. Zwar wurden die Gänge in einem frischen Gelb gestrichen, aber der Boden ist so trist und die Dunkelheit der Flure verschluckt jegliche Farbe.

Ich sehe die Chemo-Räume. Alte Schränke, alte Stühle, ein paar Liegesessel, weiße Wände. Ach du meine Güte. Ich will hier weg. Die trostlosen Räume erdrücken mich, die vielen Menschen an den Infusionen jagen mir Angst ein. Überall hektisches Arbeiten der in Blau gekleideten Krankenschwestern. Dazwischen völlig monoton die Patienten, die Chemotherapie bekommen. Da werde ich demnächst auch sitzen. Ich WILL das nicht! Ich will zurück nach Gelsenkirchen. In diese mit warmen Farben durchfluteten Räume. In diese nach Lavendel- und Zitronenöl duftende Atmosphäre mit den vielen schönen Bildern an den Wänden. Hier hängen im Flur Bilder von Zechen und alten Industrieanlagen. Sicher, die Bilder sind künstlerisch gut gemacht, passen zur Region, erzählen etwas von der Geschichte. Aber zum Wohlfühlen finde ich diese Stahlbauten nicht.

Wir müssen warten. Zuerst im großen Warteraum, dann dürfen wir aufrücken und vor dem Zimmer des Professors Platz nehmen. Ich bin aufgeregt. Was wird er uns gleich erzählen? Wird er mich wahrnehmen oder wird lediglich über mich entschieden? Ich will kein Fall sein. Die Sekretärin führt uns in das Sprechzimmer. Da steht ein riesiger Schreibtisch, in den Regalen Bücher, Akten, Berge an Unterlagen und ein riesiges Fenster mit Blick über Herne. Professor Strumberg sitzt hinter seinem Schreibtisch. Als wir das Zimmer betreten, steht er auf, reicht erst mir und dann meinem Mann die Hand und bittet uns Platz zu nehmen. Er sieht etwas müde aus, aber sein Händedruck ist kräftig und fest. Den Arztkittel trägt er bis oben hin zugeknöpft. „So, Frau Heintze, weshalb sind Sie denn hier?" Gute Frage. Wenn es nach mir ginge, dann würde ich jetzt aufstehen, sagen, dass das alles ein Missverständnis ist, und einfach wieder gehen. Nie wieder wollte ich dieses Kapitel in meinem Leben aufschlagen. Vergessen wollte ich es, hinter mir lassen, es ignorieren. Und was tue ich? Ich bleibe sitzen, räuspere mich und schildere brav und in kurzen Sätzen meine Geschichte, erkläre außerdem, dass ich auf Einweisung von Gelsenkirchen hier sei. Nun erinnert der Professor sich auch wieder an das Telefongespräch mit Dr. Fischer. „Na, da haben Sie ja schon einiges hinter sich", sagt er. Ja, denke ich, und noch so einiges vor mir! Professor Strumberg versucht an seinem Computer an Unterlagen über mich zu kommen. Doch die Unterlagen sind noch nicht da! Etwas hilflos blickt er mich an. Na super, denke ich. Das wird ja immer besser. Erst diese furchtbare Klinik, dann keine Unterlagen und dieser Professor macht mir den Eindruck, als wolle er mich ganz schnell wieder loswerden. Alles erscheint mir hier so hektisch und unorganisiert.

Zum Glück habe ich selbst alle Aufnahmen und Schreiben eingepackt, die mir in den diversen Kliniken ausgehändigt worden sind, aus Gelsenkirchen, den Brief vom Olgahospital in Stuttgart, sämtliche Röntgenbilder. Meine Tasche ist ein wandelndes Archiv. Ich reiche ihm die Unterlagen und äußere direkt meine größte Angst. Kann bei mir überhaupt noch eine Chemotherapie gemacht werden aufgrund der ganzen Vorerkrankung?

Diese Angst kann mir der Arzt sofort nehmen. Er versichert mir, dass es viele Möglichkeiten von Chemotherapie gebe. In meinem Fall müsse eben nur geklärt werden, welche Medikamente ich noch erhalten darf und welche nicht. Er veranschaulicht mir das mit einem Bild: „Sehen Sie, Frau Heintze, wir haben hier ein rotes und ein blaues Auto. Egal mit welchem Auto sie losfahren, sie werden das Ziel erreichen. Genauso ist das mit der Chemo. Wir werden das Auto so wählen, dass wir das Ziel: ‚Heilung' erreichen." Nett erklärt. Vor meinem inneren Auge stehen schon zwei Autos in Fahrposition, eines rot, eines blau.

Wir werden zur Chirurgie geschickt, um das Einsetzen eines Ports zu klären. In der Zwischenzeit will Professor Strumberg meine Bilder und Unterlagen studieren. Ein Port ist ein kleiner Katheter, der unter die Haut gesetzt und in eine herznahe Vene mündet. Über dieses Gerät wird mit einer Nadel dann direkt die Chemotherapie verabreicht. Die Behandlung ist damit wesentlich einfacher und schmerzfreier. So etwas wurde bei mir 1987 und 1990 noch nicht gemacht. Deshalb sind meine Venen auch ziemlich zerstochen und sicherlich dankbar, wenn alles über diesen Port läuft. Das Einsetzen des Ports ist zwar eine kleine Operation, die aber ambulant stattfinden kann.

Wieder zurück beim Professor. Er und seine Kollegin, Frau Dr. Malin*, haben sich in meine Krankengeschichte eingelesen. Beide stehen im Flur, sind auf dem Sprung zum Mittagessen, als wir ankommen. Der Professor habe heute nicht einmal gefrühstückt und müsse darum nun dringend etwas essen, erklärt uns die Ärztin. Na toll, und wir dürfen jetzt solange warten, bis der Herr gespeist hat oder wie? Ich starre die beiden an. „Ja, was haben wir denn noch zu klären?", fragt Professor Strumberg. Mitten auf dem Gang, praktisch im Vorbeigehen und hörbar für alle Ohren stellt er diese Frage. Nun ja, so ziemlich alles, denke ich und weiß nicht, was ich antworten soll. Muss ich auch nicht, denn Frau Dr. Malin ist schneller. Stolz erklärt sie, dass sie bereits meinen kompletten Chemo-Plan fertig habe und die Therapie noch vor Ostern beginnen könne. Die Tatsache, dass sie sich meiner so schnell angenommen hat, macht sie mir tatsächlich ein bisschen sympathischer. Auch der Professor nickt erfreut. Über den Eifer seiner Kollegin, nehme ich an, und darüber, dass es damit ja nun wirklich nichts mehr weiter zu klären gibt und er zum Mittagessen entschwinden kann. Chemo noch vor Ostern! „Das geht nicht", höre ich mich mutig einwenden. „Wir fahren morgen für fünf Tage nach Sylt. Diese Tage kann

*Name von der Redaktion verändert

ich mir nicht nehmen lassen. Die nächste Zeit wird kein Zuckerschlecken und darum brauchen wir diesen Urlaub unbedingt noch." Keiner widerspricht. Professor Strumberg nickt erneut. „Okay", meint er kurz und bittet uns, an der Anmeldung einen Termin für die erste Chemo nach Ostern zu vereinbaren.

Das war's. Therapiebesprechung beendet. Sind die nun sauer, weil ich nicht so will wie sie, oder wollen die einfach nur essen gehen und nicken deshalb alles ab? Weitere Erklärungen gibt es nicht. Die beiden wünschen uns ein paar schöne Ostertage und sind weg. Wir stehen im Gang und kapieren erst eine Viertelsekunde später, dass wir hiermit sozusagen entlassen sind. Na toll. Besprochen ist für mich eigentlich gar nichts. Aber ich will nur noch flüchten. Wie soll ich an diesem Ort sechs Monate Chemo schaffen?

An der Anmeldung erwischen wir wieder die sympathische Dame, die uns bereits aufgenommen hat. Sie wendet sich mir zu, lächelt mich an, lässt mir Zeit, mich zu sammeln. Sie versteht, dass es hier um mehr geht als um eine Vorsorge beim Zahnarzt. Gemeinsam besprechen wir die weiteren Termine, sie klärt mich über Taxifahrten von und zur Therapie auf und gibt mir Unterlagen für Perücken mit, die ich bei der Krankenkasse einreichen soll. Nachdem sich für mich also doch noch einige Fragen beantwortet haben, verlasse ich erst mal erleichtert die Klinik. Bloß raus. In den Urlaub entschwinden und nicht darüber nachdenken, dass ich schon in einer Woche wieder hier sein werde, dann zur Chemo.

Schweigend fahren wir zurück. In uns beiden arbeitet zu viel, als dass wir Worte dafür finden könnten. Ich bin ziemlich fertig, weiß noch nicht, ob ich mich in dieser Klinik wirklich gut aufgehoben fühle. Doch welche Alternativen habe ich? Vermutlich muss ich lernen, dass Ärzte keine Zeit haben und lange Gespräche nicht zu ihrem Repertoire gehören. Medizinisch bin ich da bestimmt gut versorgt.

Mein Mann fährt direkt weiter zur Firma und ich fahre zu meiner Krankenkasse, lege der Mitarbeiterin dort die ganzen Unterlagen auf den Tisch, ehe mich der Mut verlässt. Die Krankenkassenmitarbeiterin schaut mich hilflos an. Sie wirkt heillos überfordert. Behauptet, dass die Erstattung von Taxikosten zu dieser Klinik nicht möglich sei. „Dafür müssten Sie in einer näher liegenden Klinik behandelt werden. Sonst müssen Sie das Taxi selbst bezahlen." Wie bitte? Sie wollen mir jetzt nicht allen Ernstes sagen, dass ich mich in einer weiteren Klinik vorstellen soll? Zumal, wie ich durchaus erwähnt habe, bei meiner Vorgeschichte nicht jede Klinik die Behandlung machen wird. Darauf weiß sie keine Antwort. Auch über die Zuzahlung zur Perücke kann sie mir nicht wirklich etwas sagen. Sie empfiehlt mir, ein Friseurgeschäft um die Ecke aufzusuchen. Alles klar. Ich bin froh, dass sie mir in Herne den Prospekt über Perücken mitgegeben haben. Zu meiner Frage, wie es denn mit einer Haushaltshilfe aussieht für die Zeit meiner Chemo, weiß sie ebenfalls keine Antwort, erklärt sich aber bereit, die Zentrale anzurufen und mir anschließend ein Formular mitzugeben, das mein Hausarzt ausfüllen soll. Ich verstehe zwar nicht, welche Rolle mein Hausarzt dabei spielen soll, da ich die Chemotherapie ja in einer Klinik mache, packe aber alles ein und mache mich auf den Weg. Hier bin ich fertig.

Ohne dass ich es will, beginnen meine Gedanken wieder zu rotieren. Wäre es vielleicht doch sinnvoll, in eine näher liegende Klinik zu gehen? Ganz überzeugt hat Herne mich ja auch nicht. Aber morgen ist Ostern und bis ich

Schnee auf Sylt, mit meiner Familie. Von links: Arnd, Marvin, Theresa, ich und Sarah.

in einer anderen Klinik überhaupt einen Termin bekäme, das würde dauern. Dann würde sich die Therapie noch weiter nach hinten schieben. Kann ich überhaupt so lange warten? Ich laufe meinen Hausarzt an. An der Tür hängt ein Zettel. Osterurlaub, keiner da. Na toll. Heute wird sich für mich also gar nichts weiter klären.

Sylt – Auszeit vor dem Sturm

Unser Zug ist pünktlich abgefahren. Das gibt's bei der Bahn tatsächlich auch mal. Nach sieben Stunden Bahnfahrt kommen wir in Westerland auf Sylt an. Noch auf dem Bahnsteig rieche ich die wunderbar würzige Meeresluft. Wir gehen durch die Innenstadt zum Strand. Der Wind weht mir ins Gesicht und die Sonne scheint. Tut das gut! Ich kann noch gar nicht glauben, dass ich wirklich auf der Insel bin. Auf unserer Insel.

*

Seit vielen Jahren fahren wir jeden Sommer oder zumindest einmal im Jahr nach Sylt. Auf dieser Insel habe ich vor mehr als 18 Jahren meinen Mann kennengelernt. Genau genommen habe ich zuerst meinen Schwiegervater Karl-Friedrich kennengelernt. Damals waren meine Stuttgarter Freundin Tanja und ich zum allerersten Mal auf Sylt. Wir hatten uns so auf die Nordsee gefreut und dann regnete es ununterbrochen. Also überlegten wir, eine Schiffsrundfahrt zu machen, stellten aber schon am

Anleger fest, dass diese Idee die halbe Insel gehabt hatte. Das Schiff war total überfüllt. Wir schauten überall herum, aber die einzigen noch freien Sitzplätze boten sich an einem Tisch, der überlagert war mit Bierflaschen, die ganz offensichtlich von den dort bereits sitzenden jungen Männern geleert worden waren. Der ältere Herr, der dabeisaß, lächelte uns an und bedeutete uns, dass wir uns doch zu ihnen setzen sollten. No way, dachte ich. Aber Tanja hatte sich bereits gesetzt. Der ältere Herr fragte uns, woher wir kämen, und als wir erzählten, dass wir Schwaben sind und das erste Mal auf der Insel, war das Eis sofort gebrochen. Er wollte alles wissen über Weinbau und Maultaschen. Und ihm gefiel unser Dialekt. Freimütig erzählten wir, ein Wort gab das andere und ruck zuck war die Schiffstour zu Ende, ohne dass wir wirklich viel von Sylt gesehen hatten.

Karl-Friedrich, wir waren bereits beim Vornamen angekommen, bot uns an, uns die Insel zu zeigen, allerdings müsste ich dafür den firmeneigenen Bus fahren, denn die drei jungen Männer, einer davon sein Sohn, waren dazu offensichtlich nicht mehr in der Lage. Ich erschrak. Ich sollte einen Bus fahren und diese betrunkenen Kerle gleich mit? Ich war noch nie einen Bus gefahren. Doch mein späterer Schwiegervater war ein toller Überredungskünstler, und so lernten Tanja und ich an diesem Tag die schönsten Ecken von Sylt kennen, während die drei jungen Männer hintendrin langsam wieder nüchtern wurden. Sie entpuppten sich letztlich als doch ganz nett und der Abend nahm einen guten Lauf.

Zwei Jahre später haben Arnd und ich geheiratet und mein Schwiegerpapa erzählt jedem stolz, dass er die Frau für seinen Sohn ausgesucht habe. Für die Heirat zog ich von Baden-Württemberg nach Nordrhein-Westfalen um, inklusive meines schwäbischen Dialektes, den ich auch nach all den Jahren nicht ablegen kann und mag. Mein Stück Heimat, das ich immer mit mir herumschleppe.

*

Nach all den Jahren ist auch Sylt wie eine zweite Heimat für mich geworden. Hier angekommen, stelle ich sofort auf Urlaubsmodus um. Wir holen unseren Mietwagen ab und machen uns auf den Weg zum nördlichsten Zipfel der Insel, nach List. Unsere Unterkunft liegt mitten in den Dünen mit direktem Blick auf das Wattenmeer. Auf der anderen Seite, zwar nicht sichtbar, aber doch nur einen Katzensprung weg, der Weststrand mit dem offenen Meer.

Nicht an die Zukunft denken

Am nächsten Morgen, es ist Karfreitag, bin ich schon um sieben Uhr früh unterwegs. Alle schlafen noch, nur ich mache einen Spaziergang. Keine Menschenseele ist um diese Uhrzeit unterwegs – was es zu Ferienzeiten auf Sylt eigentlich gar nicht gibt. Das ist ein magischer Morgen. Ich gehe allein am Ufer des Wattenmeeres entlang. Heute

Morgen hatte es sogar ein bisschen geschneit. Schnee auf Sylt habe ich noch nie erlebt. Der gefrorene Schnee auf dem Sand knirscht bei jedem meiner Schritte. Das klingt zauberhaft. Langsam geht die Sonne auf. Ich atme die kühle klare Seeluft ein. Es ist so schön, jetzt hier zu sein. Wildenten schnattern laut, der Strandhafer knistert leise, die Wellen plätschern fröhlich. Egal wie die Zukunft aussehen wird. Ich will jetzt nicht daran denken. Ich bin hier, allein am Meer, an diesem wunderbaren Morgen, alles ist schön und da ist niemand, der mir sagt, was ich zu tun habe. Da bin nur ich. Ich breite meine Arme aus, einfach so. Als wollte ich die ganze Welt umarmen. Dann sehe ich ihn. Ein Fuchs, der in aller Seelenruhe durch die Dünen spaziert. Die Enten werden immer lauter, sie haben ihn wohl gewittert. Aber das stört ihn nicht. Erhobenen Hauptes marschiert er an ihnen vorbei. Er stört sich auch an mir nicht. Unbeeindruckt setzt er einfach seinen Weg fort. Ich bin fasziniert. Was für ein Geschenk. Ich danke Gott. Plötzlich merke ich, dass ich Hunger auf Frühstück habe, frische Brötchen, Müsli und ein warmer Tee. Darum mache ich mich auf den Heimweg. Dieser Karfreitag beginnt echt gut.

Vor über 2000 Jahren wurde Jesus an diesem Tag ans Kreuz genagelt. Und das nur, weil Gott uns Menschen so sehr liebt. Um diese Liebe allen zu zeigen, ließ er es zu, dass wir seinen einzigen Sohn kreuzigten. Er opferte seinen Sohn, damit unsere Schuld erlassen wird und wir zu ihm ins ewige Leben dürfen. Was für ein Liebesbeweis. Doch heute spüre ich keinen Liebesbeweis, sehe die Hoffnung, die darin steckt, nicht. Heute kann ich nur den Tod spüren. Jesus, der ans Kreuz genagelt wurde und dort jämmerlich leidend starb. Werde ich an meiner Krankheit sterben? Werde ich jämmerlich leiden? Oh Gott!

Ich brauche spürbare Nähe zu Gott, jetzt, sonst werde ich verrückt. Am besten kann ich diese Nähe in einer Kirche spüren. Heute Morgen war ich noch so voller Optimismus, aber jetzt ist das Kartenhaus zusammengefallen. Ich habe Angst vor der Therapie. Ich habe Angst vor dem Druck, davor, meiner Familie vorspielen zu müssen, dass

Lautes Geschnatter der Wildenten hallt von den Dünen, und da ist er plötzlich: der Fuchs.

ich alles total easy schaffe, um sie nicht noch mehr zu beunruhigen. Angst, wie es mit meiner Arbeit weitergeht, wie ich meinen Alltag schaffen soll, was aus meiner ehrenamtlichen Jugendarbeit in unserer Gemeinde wird. Ich habe Angst vor dem Tod. Das alles bricht mit einer Wucht über mich herein, gegen die ich mich nicht wehren kann.

Auf meinen Wunsch hin fahren wir zur Karfreitagsandacht nach Keitum. Unsere Kinder sind alles andere als begeistert, setzen sich aber mir zuliebe mit in die Kirchenbank. Traurige Lieder werden gesungen, dazwischen die Geschichte der Kreuzigung vorgelesen. Der Gottesdienst ist wirklich todtraurig, so todtraurig, wie ich mich fühle.

Ich habe solche Angst, dass ich diese Krankheit nicht überlebe. Wie werden meine Kinder ohne Mutter zurechtkommen? Wer wird sie trösten, wer wird sie durch die Schule bugsieren? Wer ist da, wenn sie jemanden brauchen? Oh, Gott, wie kannst du nur so etwas tun? Welchen Sinn soll es haben, Mutter und Kinder auseinanderzureißen? Still sitze ich einfach nur da. In mir ist alles grau, draußen auch. Keine Sonne scheint mehr, nur graue Wolken. Gott, ich habe solche Angst. Ich weiß, dass das Leben nach dem Tod bei dir ewig sein wird. Ich glaube so sehr daran, ich will so sehr daran glauben. Da wird es keine Angst, keinen Schmerz und keine Sorgen mehr geben. Aber ich will jetzt nicht sterben! Da ist noch so viel, was mir am Herzen liegt. Ich bin doch noch gar nicht fertig hier.

Völlig unerwartet tritt in diesem Moment ein Sonnenstrahl durch das Kirchenfenster ein. Woher kommt der?, frage ich mich verwundert. Ich nehme ihn einfach auf, lasse ihn scheinen und merke, wie dieser Lichtstrahl meine Aufmerksamkeit auf sich lenkt. Weg von all den dunklen Gedanken. Ich werde ganz ruhig. Und dann ist sie da. Eine Stimme in meinem Kopf, die mir zuflüstert: Du wirst leben. Ich erschrecke, schaue auf, der Lichtstrahl ist weg, eine Wolke hat sich ihm in den Weg gestellt. Dann bricht der Himmel erneut für einen kurzen Moment auf – und wieder kommt ein Lichtstrahl zum Fenster hinein und wieder höre ich die gleiche Stimme in meinem Kopf: Du wirst leben. Gott, bist du das? Hast du da gerade zu mir gesprochen?

*

Diese Stimme habe ich schon einmal gehört. Vor zwei Jahren habe ich Gott während eines Spazierganges eine Frage gestellt. Es ging um den Grundstückskauf in Berlin, das Grundstück, das mein Mann und ich meinen Schwiegereltern abkaufen wollten. Doch nach mehreren Kostenvoranschlägen und Gesprächen mit Fertighausfirmen entschied ich: Das wird zu teuer. Wir werden nicht kaufen! Dennoch ging es mir einfach nicht aus dem Kopf. Schließlich bat ich Gott, mir zu sagen, was mit dem Grundstück geschehen solle. Ich stand am Rande eines Waldes unter freiem Himmel, als die gleiche Stimme wie eben zu mir sagte:

„Gründe eine Stiftung. Und dann bau eine Seniorenwohngemeinschaft. Ich möchte, dass in diesem Haus Menschen leben, die finanziell nicht so gut gestellt sind."

Ich hatte noch nie etwas von einer Seniorenwohngemeinschaft gehört, geschweige denn wusste ich, wie man eine Stiftung gründet. Ich war fassungslos, glaubte, mein Gehirn habe sich einen seltsamen Scherz mit mir erlaubt. Doch zwei Wochen später rief mich eine Fertighausfirma an, bei der wir irgendwann mal ein Angebot für ein Haus eingeholt hatten. Nun wollten sie einfach mal nachhören. Freundlich sagte ich das Angebot ab. Doch der Verkäufer fragte nach, verwickelte mich in ein Gespräch, was wir denn nun stattdessen mit dem Grundstück planen würden, und ich erzählte ihm, dass wir dort eine Seniorenwohngemeinschaft gründen würden. Er fand die Idee genial.

Er war sogar so begeistert, dass er meinte, ich solle mich unbedingt am Hauptsitz der Firma melden, denn er wäre sich sicher, dass sein Arbeitgeber mich bei diesem Haus unterstützen würde. Was für ein Gespräch. Mir wurde klar, ich hatte mich da draußen nicht verhört, ich hatte ein klare Anweisung erhalten. Seitdem versuche ich Stiftungen und Sponsoren zu finden, die dieses Projekt unterstützen. Das Grundstück können wir uns nun, dank der großzügigen Unterstützung meiner Eltern, leisten. Zweieinhalb Jahre habe ich nach möglichen Sponsoren gesucht und plötzlich standen innerhalb weniger Wochen

Finanzierung und Kaufvertrag. Und mit Gottes Hilfe wird auf diesem Grundstück eine Seniorenwohngemeinschaft entstehen. Daran glaube ich mittlerweile fest, obwohl ich keine Ahnung habe, wie das finanziell zu meistern ist.

*

Die Stimme, die ich gerade in der Kirche gehört habe, hat sich wirklich genauso angehört wie die Stimme damals am Wald. Dennoch zweifle ich. Kann das wahr sein? Meinst du das wirklich ernst, Gott? Wenn du das so meinst, warum hast du mir diesen Tumor nicht erspart? Oder wenigstens die Chemotherapie, vor der ich so furchtbare Angst habe? Warum sicherst du mir zu, ich werde leben, und lässt mich dabei durch die Hölle gehen?

Nach einer Stunde drängen unsere Kinder aus der Kirche. Sie haben sich mehr als gelangweilt. Ich hingegen habe noch einiges zu verarbeiten. Wir gehen zum Kaffeetrinken in die „Kupferkanne". Hier gibt es den besten Kuchen der Welt und den besten Kaffee noch dazu. Mir ist etwas leichter zumute. So, als lägen auf meinen Schultern statt eines Hinkelsteins nur noch ein paar kleine Kiesel. Mantrenmäßig wiederhole ich die drei Worte: Du wirst leben. Du wirst leben. Du wirst leben. Sie wollen noch nicht ins Herz rutschen. Zu viel Angst versperrt ihnen den Weg.

Zum Abendessen gibt es Fisch. Direkt in der Bootshalle bei Gosch. So lecker. Wir sitzen auf rustikalen

Holzbänken. An den Wänden hängen alte Fischernetze, Treibguthölzer und ähnliche Fundstücke aus dem Meer. Der Getränkeausschank ist in einem Holzschiff untergebracht. Laut rufen die Köche die Bestellungen durch den Raum. Es herrscht ein bisschen Fischmarktatmosphäre, rau, aber herzlich. Im Hintergrund laufen Seemannslieder. Meist läuft auch der Chef persönlich durch die Hallen. Mit seinem Vollbart und den weißgrauen Haaren erinnert er mich mehr an einen Kapitän als an einen Fischhändler. Es tut gut, hier zu sein. Zu sehen, zu riechen, zu schmecken. Mich vollzustopfen mit all diesen Eindrücken und nicht nachzudenken. Ich möchte diese Urlaubstage voll ausschöpfen.

Abends spielen wir alle zusammen das Kartenspiel Phase 10. Wir lachen und machen Scherze. Das Leben ist so unendlich lebenswert. Ich möchte mir das alles hier am liebsten einfrieren, um es in den nächsten Monaten stückchenweise wieder auftauen zu können.

Später werden die Themen ernster. Wir sitzen auf dem Bett, als meine Mädels mich über die bevorstehende Chemotherapie ausfragen. Der Haarausfall beschäftigt sie am meisten, was ich gut verstehen kann. Das ging mir in ihrem Alter genauso. Ich erkläre ihnen, dass bei einer Chemotherapie alle Zellen, die sich jeden Tag in unserem Körper erneuern, abgetötet werden. Die Zellen der Haare wachsen besonders schnell, deshalb sterben sie auch als Erstes ab. Die Haare fallen aus. Aber nach der Therapie wachsen sie sofort wieder nach. Ich bin froh, dass wir hier, an diesem Ort darüber sprechen können, und hoffe sehr, dass es meinen Kindern ähnlich geht. Die Zeit vergeht so schnell. Den Samstag verbringen wir im Schwimmbad, essen Currywurst und Pommes, so gar nichts Nordisches. Aber unsere Kinder lieben es. Schon kommt der Ostersonntag.

An diesem Tag ist Jesus auferstanden. Jesus stirbt für uns alle am Kreuz und steht drei Tage später vom Tod wieder auf. Damit macht er das wahr, was viele nicht glauben können: Mit dem Tod ist nicht alles zu Ende. Eine erstaunliche Geschichte, deren Sinn ich so viele Jahre nicht erfasst habe. Ich fand sie eigentlich immer nur grausam. Ein Gott, der seinen eigenen Sohn qualvoll sterben lässt, um ihn dann wieder auferstehen zu lassen. Was soll das? Heute weiß ich, dass Gott das gemacht hat, damit wir Menschen kapieren, wie ernst er es mit uns meint. Hätte er gesagt, ich vergebe euch alles, wenn ihr mir versprecht, in Zukunft bessere Menschen zu sein, wer hätte darauf gehört? Wir brauchen schon ein bisschen mehr Sensation, damit die Botschaft wirklich ankommt und sich nachhaltig in unser Gedächtnis gräbt. Ich erkläre mir das so: Weihnachten wurde Gott mit der Geburt von Jesus Mensch und als dieser lebte er einige Jahre unter uns. Bis er schließlich gekreuzigt wurde. Gott wollte uns zeigen, ich verstehe dich, Mensch. Ich kenne das Leben hier auf der Welt, mit allen Facetten, auch den ganz schwierigen.

Aber ich möchte auch, dass du verstehst, dass dieses Leben hier auf Erden irgendwann mit dem Tod endet. Und es liegt an jedem von uns, zu entscheiden, ob wir daran glauben, dass es ein Leben nach dem Tod gibt oder eben nicht. Gott zwingt das niemandem auf!

Wenn ich von anderen etwas will, kann ich durchaus beharrlich werden. Zum Beispiel bei meinen Kindern. Ich weiß, dass Zwang nichts bringt, aber so sehr ich sie auch liebe, erwische ich mich doch immer wieder dabei, sie zu Dingen zu zwingen, die sie eigentlich nicht wollen oder jetzt in diesem Moment nicht wollen. Aber ich meine eben, dass die Vokabeln jetzt dran sind oder das Zimmer jetzt aufgeräumt werden muss. Gott ist da anders. Er ist um so vieles geduldiger mit uns. Immer wieder verzeiht er, immer wieder nimmt er mich an die Hand, immer wieder zeigt er mir, wie großzügig und langmütig er ist. Eigentlich sollte es darum doch ein Leichtes sein, sich ihm anzuvertrauen. Mein Leben in seine Hand zu legen. Aber dann meine ich, ich muss es doch selbst steuern, muss mich auf meine Befürchtungen verlassen, habe tausend Einwände und stehe am Ende in der Sackgasse. Verrannt. Dann jammere ich Gott die Ohren voll. Und Gott? Der wartet, bis ich mich endlich umgedreht habe, und lotst mich mit seiner Engelsgeduld aus der Sackgasse heraus. Das ist liebevoll.

An diesem Ostersonntag gehen wir alle zusammen in einen Familiengottesdienst. Der Gemeinderaum ist mit

Blumen geschmückt und die Stimmung so ganz anders als bei der Karfreitagsandacht. Nach und nach füllt sich der Raum. Das Thema des Gottesdienstes wird: Mir fällt ein Stein vom Herzen oder: Gott, nimm diesen Stein und hilf mir ihn zu tragen. Mir schießen die Tränen in die Augen. Alle bekommen einen Zettel in Steinform. Darauf dürfen wir unsere Sorgen und Ängste schreiben. Auf der Rückseite dürfen wir unserem Dank Ausdruck verleihen. Meinem Mann, meinen Kindern und mir tut dieser Gottesdienst unendlich gut. Wir fühlen uns wie befreit. Gott wird tragen. Wir wissen noch nicht was und wir wissen noch nicht wie, aber wir wissen, dass er es tun wird. Am nächsten Tag fahren wir wieder nach Hause. Diese fünf Tage haben uns allen an Leib und Seele gut getan. Mein Vertrauen ist zurück.

Zu Hause angekommen darf ich mich über zwei Päckchen freuen. Eines von meinem Bruder Daniel und seiner Freundin Heike. Darin ein Mutmach-Buch und jede Menge Ostersüßigkeiten für unsere Kinder. Das andere Päckchen ist von meinem guten Freund Christoph. Er schickt mir grünen Tee, der sehr gesund während einer Chemotherapie sein soll. Und ein Überraschungs-Ei ist auch dabei.

APRIL

Erste Chemo – Ein Trupp kleiner Männchen

Völliger Absturz

Erste Chemo – Ein Trupp kleiner Männchen

Es ist Dienstagmorgen. Heute wird bei mir der Port eingesetzt, über den dann die Chemo laufen soll. Ich habe Angst. Mein Herz rast, als ich auf der Liege in den OP gefahren werde. Doch die beiden Ärzte beruhigen mich. Nach 20 Minuten ist alles vorbei. Ich soll mich noch ein bisschen ausruhen, bekomme einen Keks in die Hand gedrückt. Dann kann mein Mann mich wieder abholen. Geschafft, freue ich mich.

Ein paar Stunden später sehe ich das schon ganz anders. Trotz Schmerztabletten tut mir meine linke Schulter höllisch weh. Der Port wurde unterhalb der linken Schulter eingesetzt, oberhalb des Herzens. Er wurde unter der Haut vernäht, damit er nicht verrutschen kann und das löst wohl die Wundschmerzen aus. Mein linker Arm lässt sich keinen Millimeter mehr bewegen, ohne dass ich schreien könnte. Sobald eine Schmerztablette ausgewirkt hat, nehme ich die nächste, anders geht es nicht.

Am nächsten Tag habe ich endlich das Gespräch mit meiner Psychologin. Frau Jock kommt aus Stuttgart. Vielleicht verbindet uns das. Jedenfalls schwäbelt sie genau wie ich und auch sonst ist da so viel, das passt. Sie ist gläubig, hat vier Kinder großgezogen und weiß, was es heißt, sich und andere zu organisieren. Seit acht Jahren ist sie für mich da und das ist das Allergrößte.

Da ist ein Mensch, den ich mag und dem ich alles erzählen kann und darf, ohne mich schlecht fühlen zu müssen, dass ich ihn damit überlasten könnte. Denn es ist ihr Beruf.

Frau Jock hat mir geholfen, meine Panikattacken so weit in den Griff zu bekommen, dass nicht jedes Mal der Notarzt gerufen werden muss. Sie hat mir auch geholfen, als ich Depressionen hatte. Sie hat mich ermutigt, bestärkt und wieder ins Leben losgeschickt. Mit manchen ihrer Vorschläge konnte ich gar nichts anfangen, und wenn sie mein Verhalten kritisierte, hätte ich manchmal einfach hinschmeißen mögen. Aber letztlich hat es mich weitergebracht. Mich verändert. Positiv verändert. Ich musste tatsächlich lernen, für mich zu sorgen. Da nein zu sagen, wo ich im Grunde doch wusste, dass ein Ja über meine Kräfte gehen würde. Ich musste lernen, damit umzugehen, dass die andere Seite dann erst mal enttäuscht von mir ist.

Heute jedoch bin ich bei Frau Jock, um mit ihr zusammen eine gute Strategie für die Chemotherapie zu überlegen. Die beginnt bereits morgen. Schon allein bei dem Gedanken, dass ich in ein paar Stunden mit Zytostatika vollgepumpt werde, falle ich fast in Ohnmacht. Wir versuchen mein Problem mit Hilfe einer Imaginationsübung zu lösen. Ich soll mir vorstellen, dass die Infusionen nur in den Tumor ziehen, diesen zerstören und dann meinen Körper wieder verlassen, ohne irgendetwas zu schädigen. Am meisten Sorgen mache ich mir um meine Nieren. Zum Glück habe ich ein sehr bildliches Vorstellungsvermögen. Ich stelle mir die Zytostatika als ein Trupp kleiner

Männchen vor, die in meinem Körper losgelassen werden, damit jeder ein Stück des Tumors rausholt. Und dann ab in den Müll damit. An meinen Nieren huschen die kleinen Männchen nur vorbei, sie haben die Arme voll mit Tumor und wollen nur so schnell wie möglich wieder raus aus mir. Feierabend machen. Sie sind gewissenhafte Arbeiter, aber keine Workaholics.

Es ist ein sehr kindliches Bild, das ich mir da ausmale. Aber in Anbetracht der Situation ist mir das egal. Hauptsache, ich überlebe damit irgendwie diese Chemo. Frau Jock empfiehlt mir außerdem, ein Therapietagebuch zu führen. Eine super Idee. Hätte ich das nicht getan, wäre dieses Buch vermutlich nie entstanden. Guten Mutes verlasse ich die Praxis.

Über WhatsApp erhalte ich am nächsten Tag aufmunternde Nachrichten. Alle wollen, dass ich die erste Chemo gut hinter mich bringe. Ich hätte nie gedacht, dass Bilder von Katzen, die meine Schwägerin mir schickt, mich beruhigen könnten.

Früh am Morgen werde ich zu Hause von einem Taxi abgeholt und zur Klinik gefahren. Der Taxifahrer beklagt sich bei mir, wie es möglich sein kann, dass ich in eine so weit entfernte Klinik gefahren werden muss. Na vielen Dank auch, als ob ich mir das ausgesucht habe. Die restliche Fahrt erzählt er ohne Punkt und Komma, ich höre nicht mehr zu. Bin wütend und gleichzeitig verunsichert. Noch ist nicht geklärt, ob ich die Fahrten von der Krankenkasse erstattet bekomme oder auf den Kosten sitzen bleiben werde. Heute darf ich in jedem Fall erst einmal 120 Euro für Hin- und Rückfahrt vorstrecken. Wenn die Krankenkasse sich nicht beteiligt, wird das ein teurer Spaß. Das ärgert mich. Macht in mir dieses Gefühl, jetzt bist du krank und verursachst auch noch Riesenkosten.

In der onkologischen Ambulanz werde ich zuerst zu Frau Dr. Malin gebracht. Die Ärztin, die vor Ostern meinen Therapieplan so flott zusammengestellt hatte. Sie begrüßt mich freundlich und erklärt mir, was gleich auf mich zukommt. Knappe zwei Stunden werden die Infusionen brauchen, danach könne ich wieder nach Hause. Damit die Nebenwirkungen so gering wie möglich bleiben, müsse ich noch einige Tabletten zusätzlich einnehmen. Diese würde ich später von der Schwester erhalten. Sollte ich Nebenwirkungen wie Atemnot, Kreislaufbeschwerden, stark geschwollene Hände oder Beine bemerken, müsste ich mich bitte sofort bei ihr melden. Sie schaut sich meinen frisch gelegten Port an, der noch immer ziemlich schmerzt. „Die Infusionen können trotzdem problemlos darüber laufen", stellt sie zufrieden fest. Schließlich drückt sie mir ein paar Spritzen in die Hand. Zur Stärkung meines Immunsystems soll ich mir die drei Tage nach der Chemo selbst in den Bauch spritzen. Ich schaue ungläubig. Ich kann mich nicht selbst spritzen! Nie und nimmer. Diese Infusionen sind schon der Horror für mich. Die zusätzlichen Spritzen werden also ein Fall für meinen Hausarzt.

„Kein Problem", meint sie. Zu ihm müsse ich ja sowieso einmal pro Woche, um meine Blutwerte kontrollieren zu lassen. „Apropos Hausarzt", hake ich nach, „ich habe da Schwierigkeiten mit meinem Taxischein." Sie verspricht, sich darum zu kümmern, wenn die Krankenkasse sich meldet. Das ist wirklich eine sehr nette Ärztin.

Ein paar Minuten später sitze ich in einem alten blauen lederbezogenen Sessel, der sich elektronisch in Liegeposition verschieben lässt. Mit mir sitzen noch sechs weitere Patienten in dem ziemlich spartanisch eingerichteten Raum. Neben meinem gibt es nur noch einen weiteren Sessel, alle anderen müssen auf Stühlen sitzen. Kein Bild an der Wand, keine Deko, nur diese schreckliche braune Schrankwand, die Infusionsständer und zwischen uns verteilt drei kleine Tischchen, auf denen Sprudelflaschen, Plastikbecher und ein paar Salzstangen stehen. Keiner hat größeren Gesprächsbedarf, ein kurzes „Morgen", mehr wird nicht gewechselt. Danach versinken alle wieder in ihre Zeitschrift oder starren die furchtbare Schrankwand an. Hier hat jeder mit sich zu kämpfen. Ich hole mein Handy raus und stöpsele mir Musik ins Ohr. Die erste Infusion ist rot. Eine giftige Farbe, finde ich, und ein noch giftigerer Name: Epirubicin. Ich kenne das Mittel von meiner ersten Chemo. Damals hat es mir den Handrücken verätzt. Nun läuft es artig über meinen Port in mich hinein. Ich versuche mich in der gestern geübten Visualisierung. Die kleinen Männchen. Der Tumor-Räum-Trupp. Mit der

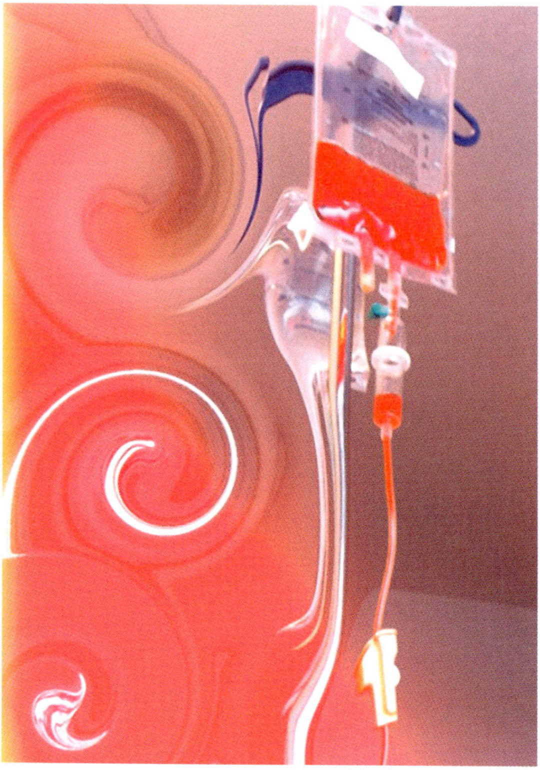

Epirubicin,
das ist mein Chemomittel.

Musik im Ohr gelingt mir das ganz gut. Später lese ich in einem Buch, während ich einen Becher Wasser nach dem anderen trinke. Wegen meiner Nieren. Die wollen das Zeug doch so schnell wie möglich wieder loswerden. Die Männchen sollen bei mir keine Überstunden machen. Sie sind gewissenhafte Arbeiter, die ihren Job ohne Kollateralschäden erledigen.

Das nächste Mittel wird angehängt. Ich fühle mich bereits jetzt wie durch den Kakao gezogen. Als es durch ist, schleppe ich mich zu meinem Taxi. Ich will nur noch heim, ins Bett, schlafen. Doch kaum bin ich im Bett, geht es nicht mehr. Ich bin hellwach und vollkommen fertig zugleich. Aufgedreht. Ich schlucke eine große Portion Baldrian und kann danach wenigstens ein bisschen vor mich hindämmern. Die Nacht wird unruhig.

Am nächsten Morgen kratzt es in meinem Hals. Ich fühle mich, als würde ich eine dicke Grippe bekommen. Bereits am Nachmittag habe ich heftige Halsschmerzen und Husten. So ein Mist, mein Körper ist doch von der Chemo eh schon geschwächt. Ich will jetzt nicht noch zusätzlich krank werden. Ich inhaliere, ich schlucke Hustensaft und Sinupret. Das soll weggehen. Mein Mann zaubert Hühnersuppe, das Allerweltheilmittel bei Erkältungen. Es ist schön, umsorgt zu werden. Aber es fällt mir schwer, nur im Bett zu liegen und zuzusehen, wie sich die Bügelwäsche und der ganze andere Kram auftürmen.

Drei Tage später muss die erste Immunspritze gesetzt werden. Ich bin immer noch heftig erkältet. Mein Hausarzt übernimmt das Spritzen für mich und hört sich anschließend gleich noch meine Lunge an. Nicht, dass sich da noch was festsetzt. Am Abend spüre ich endlich die Immunspritzen.

Im Vergleich zu den Tagen davor geht es mir richtig gut. Doch dann bekommt Marvin in der Nacht Fieber und Husten. Das schreit nach dem nächsten Arzttermin. Aber ich kann mich nicht mit ihm stundenlang ins Wartezimmer setzen und den Rundumschlag an Viren und Bakterien einsammeln. Die Arzthelferin zeigt sich einsichtig und setzt Marvin und mich direkt ins Behandlungszimmer. Das Ergebnis: Marvin hat eine beginnende Lungenentzündung. Oh nein! Mal abgesehen, dass ich mich nicht richtig um ihn kümmern kann, kriecht die Angst in mir hoch. Was, wenn ich jetzt auch eine Lungenentzündung bekomme? Meine Therapie müsste verschoben werden. Das wäre alles gar nicht gut. Ich will das doch so schnell wie möglich hinter mich bringen.

Ich gehe noch kurz bei meinem Arbeitgeber vorbei, um meine Krankmeldung abzugeben. Nachdem es anfänglich hieß, ich könne kommen und arbeiten, je nachdem, wie es mir geht, bekomme ich nun zu hören: Bei einer Krankschreibung dürfe ich nicht arbeiten, aber ich könne ja ehrenamtlich tätig werden. Nein, danke. Ich bin als Minijobberin angestellt und bekomme kein Krankengeld. Ehrenämter hatte ich genug. Die habe ich gerade alle abgegeben, damit ich wenigstens meine Arbeit schaffen kann, die ich ja nun nicht mehr machen darf, weil ich krank bin. Ich fühle mich abgestempelt und überflüssig. Zum Glück erholt sich Marvin ganz gut. Das Antibiotikum wirkt, und er kann mir in den nächsten Tagen daheim ein bisschen Gesellschaft leisten.

Ein paar Tage später folgt der zweite Zyklus der Chemotherapie. Ein neues Taxiunternehmen bringt mich nach Herne. Der Taxifahrer ist sehr nett, wir unterhalten uns über das Wetter, den Job eines Taxifahrers und meine Krebserkrankung. Die Fahrt vergeht fast zu schnell. Dieses Taxiunternehmen bietet mir die Fahrt für den halben Preis an. Noch immer ist nicht geklärt, ob ich die Fahrten bezahlt bekomme oder nicht. Doch das neue Unternehmen ist sich ziemlich sicher, dass der Antrag bei der Krankenkasse durchgeht. Sie fahren mich kostenlos, quasi auf Rechnung. Das ist wirklich sehr nett. Eine Woche später kommt die Genehmigung der Krankenkasse.

Nach der Chemo ist noch ein Gespräch mit der Psychoonkologin geplant. Ich werde also vor heute Nachmittag nicht zu Hause sein. Darum habe ich gestern schnell vorgekocht, die Wäsche auf Vordermann gebracht und Fahrgemeinschaften für die Kinder organisiert. Nun sitze ich wieder in meinem ollen Kunstledersessel in diesem trostlosen Raum, blicke auf die hässliche Schrankwand und versuche vor meinem geistigen Auge kleine Männchen aufziehen zu lassen, die Bröckchen für Bröckchen den Tumor aus meinem Körper tragen. Der anschließende Termin mit der Psychologin findet nicht statt, da sie krank ist, was mir in diesem Moment aber herzlich egal ist. Wie betrunken wanke ich zum Taxi. Der Fahrer guckt mich erschrocken an und fährt mich so schnell wie möglich nach Hause. Ich glaube, er hat Angst, ich könnte in seinem Wagen kollabieren.

So erschlagen habe ich mich beim letzten Mal nicht gefühlt. Ich schleppe mich ins Bett. Schlafen! Schlafen wird das Beste sein. Zwei Stunden später fühle ich mich immer schwächer, das Atmen fällt mir schwer. Ich versuche aufzustehen, alles dreht sich. Laufen geht gar nicht. Auf allen Vieren krabble ich zur Toilette, lasse mir kaltes Wasser übers Gesicht laufen. Mir steht der Schweiß auf der Stirn. Meine beiden Mädels sehen mich. Sie erschrecken, haben Angst um mich. Ich lasse sie das Telefon holen, rufe meinen Mann an und bitte ihn, nach Hause zu kommen. Ich muss zurück in die Klinik. Schwer atmend sitze ich in unserem Flur und warte. Sarah und Theresa hilflos und verängstigt neben mir. Sie wissen nicht, wie sie mir helfen können. Ich weiß es ja selbst nicht. Alle Kräfte haben meinen Körper verlassen. Überall verliere ich meine Haare. Ich habe furchtbare Angst. Ich habe Angst, das hier nicht zu überleben. Und ich sehe, dass meine Kinder die gleiche Angst haben. Das ist noch schlimmer. Wenn ich jetzt einen Krankenwagen rufe, werde ich in die nächstbeste Klinik gebracht. Da kennt mich keiner, da weiß keiner etwas über meine Diagnose. Endlich kommt Arnd.

Völliger Absturz

Die Rückfahrt ins Marien Hospital Herne ist furchtbar. Arnd fährt mich. Er fährt schnell. Ich sitze auf dem Beifahrersitz und versuche meinen Kopf anzulehnen, in dem es unentwegt hämmert: Du wirst sterben. Du wirst sterben. So fühlt es sich an, wenn man stirbt. So schwach, so absolut kraftlos.

Ich denke an die Seniorenwohngemeinschaft. Wie konnte ich nur dieses Grundstück kaufen? Jetzt hat mein Mann das alles allein an der Backe und muss irgendwie damit zurande kommen. Wie soll er das schaffen? Drei Kinder, die Firma, dieses Grundstück. Oh Gott, was hab ich da angerichtet? Ich schwöre mir, nie wieder, in meinem ganzen Leben, wird auch nur ein Tropfen Chemo seinen Weg in meinen Körper finden. Nie, nie wieder! Lieber sterbe ich. Aber genau das tue ich ja schon.

Wir erreichen das Krankenhaus. Direkt im Eingangsbereich befindet sich die Aufnahme. Hier werde ich sofort aufgenommen und in die Notaufnahme gebracht. Mehrere Leute laufen hektisch um mich herum. Ich nehme das alles nur noch beiläufig wahr. In meinen Ohren rauscht es, meine Hände sind taub und das Atmen fällt mir so schwer. Ich habe Angst, zu ersticken und bin davon überzeugt, dass dieses Chemo-Gift mich gerade umbringt.

„Wir brauchen einen Onkologen", bellt ein Arzt. „Und dann bitte auf die Station." „Die Station ist voll", ruft eine Schwester. „Dann halt auf die Eins", befiehlt eine Ärztin. Sie kommt zu mir, beugt sich kurz hinunter, versucht Sichtkontakt zu mir herzustellen. „Keine Angst, Frau Heintze, das wird wieder", höre ich sie sagen. Mir ist alles so egal. Beim Abhören werden merkwürdige Herzgeräusche festgestellt, eine Diskussion entspinnt. Wohin mit mir, auf die

Kardiologie oder die Onkologie? Wieso geben die sich alle so eine Mühe? Wo ich doch sowieso sterbe.

Die Ohrgeräusche werden immer schlimmer, ich höre nur noch lautes Rauschen und breche in Tränen aus. Eine Infusion nach der anderen wird an mich angehängt. Hilflos sehe ich in das Gesicht meines Mannes und kann die Angst lesen. Hilflos steht er neben meinem Bett, kann nichts tun, als da zu sein und den eigenen Schrecken so gut es geht im Zaum halten. Ich sehe, wie sehr er sich bemüht, mich seine Angst nicht spüren zu lassen. Wie er versucht, die Stärke und Zuversicht auszustrahlen, die er jetzt selbst bräuchte. Das tut weh. Trotzdem ist es so wichtig für mich, dass er da ist.

Zehn Minuten nachdem ich auf die Station gebracht und in einem Zimmer geparkt wurde, klopft es an der Tür. Professor Strumberg betritt das Zimmer. Oh nein, denke ich, der ist wirklich der Letzte, den ich jetzt sehen will. Kein Professor, keine Predigt. Diesmal bin ich schneller. Bevor er nur ein Wort sagen kann, schleudere ich ihm meine ganze Wut entgegen: „Nie, nie wieder werde ich auch nur einen Tropfen Chemotherapie nehmen! Nie wieder! Mich werden Sie hier nie mehr wiedersehen!“ In aller Ruhe zieht er sich einen Stuhl an mein Bett und setzt sich. Ich will nicht, dass der sich jetzt hier setzt. Ich will, dass der verschwindet, will nichts hören, von wegen, ich müsse vernünftig sein und einsehen, dass ich keine Alternative habe. Müsse an meine Familie denken, die mich doch bräuchte. Stur starre ich auf meine Bettdecke. Gleich kommt's, denke ich. „Frau Heintze", fängt er an. „Ihnen geht es gerade richtig, richtig schlecht." Kann man wohl sagen. „Da ist an ein Weiterführen der Therapie gar nicht zu denken." Wer stirbt, braucht keine Therapie. „Überhaupt kann ich Sie gut verstehen, kein Mensch möchte so eine Chemotherapie und würde sich das freiwillig aussuchen. Aber wir werden Sie hier in aller Ruhe hochpäppeln. Wir glauben, dass Sie durch die Zytostatika eine vorübergehende Blutarmut erlitten haben. Daher die Herzgeräusche. Morgen werde ich das untersuchen. Jetzt ruhen Sie sich einfach erst mal aus. Versuchen Sie zu schlafen." Und nach einer kurzen Pause setzt er fort: „Wissen Sie, wir haben das schon mal, dass jüngere Frauen nach dem ersten oder zweiten Chemo-Zyklus einfach umkippen, weil sie sich zu viel vornehmen. Die Familie, die Arbeitsstelle, der Haushalt. Jetzt bekommen Sie von mir eine Auszeit verordnet und dann wird das wieder." Ich starre ihn an. Wie jetzt? Keine Predigt? Kein: Da müssen Sie jetzt durch! Denken Sie an Ihre Familie! Denken Sie an Ihre Gesundheit! Denken Sie doch, weiß der Himmel was? Ich bin sprachlos. Diese Worte fühlen sich so gut an. Ich fühle mich plötzlich so beschützt und umsorgt. War das wirklich der gleiche Arzt, der mich am ersten Tag zwischen Tür und Angel abgefertigt hat?

Die Schwestern und der Pfleger sind wunderbar. Sie versuchen mir jeden Wunsch von den Augen abzulesen.

Bringen mir etwas zu essen, warmen Tee, alles, was ich möchte. Ich bin einfach nur erschöpft. Nicht mehr ängstlich erschöpft, sondern müde erschöpft. Bevor ich einschlafe, schicke ich meinen Mann nach Hause. Er soll zu unseren Kindern fahren. Die brauchen ihn jetzt mehr als ich. Obwohl die Oma bei ihnen ist, werden sie sehnlichst auf eine Nachricht warten. „Bitte sag ihnen, dass es mir besser geht“, beauftrage ich ihn. „Sag ihnen, dass hier gut für mich gesorgt wird.“ Nach einigen Stunden Schlaf geht es mir wirklich etwas besser. Ich esse ein bisschen Suppe und Brot. Meine Hände sind nicht mehr taub und das Rauschen in den Ohren hat aufgehört.

Ich blicke mich zum ersten Mal in meinem Zimmer um. Erstaunt stelle ich fest, in welch feudaler Unterkunft ich hier eigentlich gelandet bin. Wunderschön eingerichtet, so gar nicht krankenhausmäßig. Die Wände sind holzvertäfelt, passend zu den rötlichen Holzschränken und dem Fußboden, der ebenfalls Parkettoptik hat. Es gibt einen Tisch mit Sessel und auf dem Tisch steht eine Vase mit frischen Blumen. Der Fernseher ist ein Flachbildschirm mit DVD-Player. Das Badezimmer ist riesig und mit Handtüchern, Seife und Duschgel ausgestattet. Was für ein Luxus, und das nur für mich allein.

Ich packe meine Tasche aus, die mein Mann für mich schnell zusammengeworfen hat. Und obendrauf finde ich doch tatsächlich meine Bibel. Ich bin gerührt. Wie gut Arnd mich kennt. Schnell rufe ich ihn an, erzähle ihm, dass es mir schon etwas besser geht. Er ist erleichtert, froh, dass man sich gut um mich kümmert, und wünscht mir eine gute Nacht. Auch von den Kindern.

Später kommt Professor Strumberg noch einmal vorbei. Freundlich grinst er mich an, weil es mir doch, so ganz wider mein Erwarten, schon etwas besser geht. Das ist so schön, umsorgt zu werden. Ich kuschle mich in mein Bett und genieße es aus ganzem Herzen, einfach gar nichts tun und niemandem erklären zu müssen, warum ich nur im Bett liege. Meine Bibel und mein Handy liegen auf meinem Schoß. Zaghaft keimt Hoffnung in mir auf, dass ich das doch überlebe.

Auf meinem Handy blinkt eine Nachricht über Facebook von Pro Christ, das ist eine Initiative zur christlichen Evangelisation. Vor einem schwarzen Hintergrund steht in weißen Buchstaben: „Just trust in me… God!" Einfach so vertrauen? Nach dieser Aktion? Ich schlage meine Bibel auf. Sie öffnet sich von selbst bei Psalm 57, Verse 2–3. Ein Psalm von König David: „Erbarm dich, Gott, hab Erbarmen mit mir! Bei dir suche ich Zuflucht, im Schutz deiner Flügel will ich mich bergen, bis das Unglück vorüber ist. Zu Gott, dem Höchsten, schreie ich, zu ihm, der sich auf meine Seite stellt."

Hm, können diese Zusagen Zufall sein? Ich glaube nicht an Zufälle. Ich glaube daran, dass Gott durch viele Dinge zu mir redet. Diesmal wohl über Facebook und meine Bibel. Gott hat einen feinen Sinn für Humor. Und für

Technik. Ich schmunzele unwillkürlich in mich hinein. Hatte er mir nicht am Karfreitag bereits versprochen, dass ich leben werde? Was war damit? Warum habe ich mich noch vor wenigen Stunden nicht mehr daran erinnern können, sondern war überzeugt, sterben zu müssen? Warum habe ich mich dieser Todesangst ergeben, statt mich einfach in seine Arme zu flüchten und darauf zu vertrauen, dass er mich da schon wieder raushaut? Er hat mich auch jetzt wieder beschützt. Durch Ärzte und Schwestern, die für mich da sind. Warum kapiere ich das nicht?

Weil ich eben doch nur ein Mensch bin, der im Ernstfall nach wie vor meint, sich nur selbst retten zu können. Und wenn ich das nicht kann, weil die Situation meine Kräfte übersteigt, dann ist eben alles aus. Aber so ist es nicht. Es geht weiter. Ich lebe. Und wage einen neuen Anlauf. Setze mich auf und beginne zu beten: Lieber Gott, ich will dir vertrauen. Du wirst mir die richtigen Ärzte, die richtige Therapie und den nötigen Mut für die Zukunft schicken. Du wirst diesen Krebs mit mir zusammen besiegen. Du wirst mich durch diese Zeit begleiten, mir Menschen zur Seite stellen, die mich begleiten. Du wirst auch meine Familie beschützen. Jetzt genau in diesem Moment kann ich diese Zusage spüren und hoffe, dass mein Herz und mein Kopf sie nicht so schnell vergessen.

Am nächsten Tag bekomme ich ein tolles Frühstück an mein Bett. Frischer Tee, ein knuspriges Brötchen, Wurst, Käse, Marmelade, Quark, Obstsalat und ein Rührei werden mir auf einem Tablett gereicht. Ich fühle mich wie eine Prinzessin. Zwar bin ich noch ein bisschen schlapp, aber kein Vergleich zu gestern. Unglaublich, wie schnell sich mein Körper erholt hat. Professor Strumberg kommt und nimmt mich mit, um mein Herz zu untersuchen. Und prompt ist sie wieder da, die Angst. Ich habe panische Angst, dass die Chemotherapie doch irgendetwas an meinem Herzen beschädigt hat.

Er ist die Ruhe in Person. Freundlich fragt er mich nach meinen Panikattacken und bietet mir für den Notfall Tabletten an. Ich nehme sie dankend an. Keine Ahnung, ob ich die jemals nehmen werde. Aber mein Tablettenproblem will ich ihm nicht auch noch auf die Nase binden. Während der Untersuchung wird er gesprächig, erzählt mir von sich und seiner Familie. Diese dahinplätschernde Unterhaltung über so alltägliche Themen zeigt tatsächlich ihre Wirkung. Meine Angst und Nervosität lassen nach. Dann sagt er den befreienden Satz: Ihr Herz ist in Ordnung! Die Herzgeräusche kommen wirklich nur von der Blutarmut. „Frau Heintze", meint er schließlich, „was halten Sie davon, die nächste Chemo stationär durchzuführen? Überlegen Sie sich das bitte!" Ich nicke, nehme diese Frage aber gar nicht richtig wahr. Ich bin so erleichtert, dass mein Herz okay ist, dass ich aus dem Untersuchungsraum schwebe.

Zurück in meinem Zimmer werde ich jedoch schnell auf den Boden zurückgeholt. Eine freundliche Dame klärt mich darüber auf, dass ich in diesem Zimmer nicht bleiben könne, da es nur Privatpatienten vorbehalten sei. Ich aber bin lediglich eine „Zuzahlerin", mit Anspruch auf ein Zweibettzimmer. Also entweder umziehen oder aus eigener Tasche draufzahlen. Ich will nichts bezahlen. Das Zimmer ist schön und ich bin froh, allein zu sein, aber so viel Geld nur für Shampoo im Bad, Holzmöbel und Flachbildfernseher kann die Schwäbin in mir nicht ausgeben. „Gut, dann bringen Sie mich halt auf eine andere Station", maule ich.

Die Dame entschwindet und nichts passiert. Niemand holt mich aus dem Zimmer. Also bade ich weiterhin in meiner Luxuswanne und genieße das Umsorgtwerden. Irgendwie fühlt es sich für mich so an, als würden plötzlich alle Ärzte und Schwestern diese Therapie mit mir tragen.

Später spaziere ich im Klinikpark. Die Bäume beginnen zartgrün zu werden. Der Mai lässt sich bereits erahnen. Auf meinem Marsch entdecke ich die Rückseite des Klinikbaus und bin erstaunt. Die ist nicht grau, die ist bunt! Wirklich, die sonst so hässliche Betonfassade wurde hier mit buntem Blech verkleidet. Das sieht toll aus. Es ist, als würden die fröhlichen Farben mir zuschreien: Du lebst! Und du wirst leben. Mein Gefühl, alles allein schaffen zu müssen und niemanden mit meiner Krankheit belasten zu dürfen, löst sich mit einem Mal in bunten Farbklecksen auf.

Seit meiner ersten Krebserkrankung versuche ich alle um mich herum zu schützen: Damals waren es meine Eltern, meine Brüder, meine Freunde. Jetzt sind es mein Mann, meine Kinder, meine Freunde und wieder meine Eltern, denen ich ja noch gar nichts erzählt habe. Ich spüre, wie alle Menschen um mich herum vor Schreck erstarren, sobald sie von meiner Diagnose hören. Brustkrebs mit neununddreißig Jahren, drei Kinder, die doch eine Mutter noch so sehr brauchen. Das macht sprachlos. Das ist schrecklich. Was für ein Schicksalsschlag. Ich kann das schwer aushalten, weil ich immer sofort meine, den Tröster spielen zu müssen. Optimismus vorgeben zu müssen, zu erklären, dass alles gut ist, alles gut wird, ich das schon packe. Nur ein kleines Problem, das wird schon wieder. Kenne ich schon, hatte ich schon mal. Das ist anstrengend, fordert Kraft, die ich eigentlich für die Therapie bräuchte. Trotzdem fühle ich mich schuldig, wenn ich mich meiner Familie und meinen Freunden so zumuten muss, mit all meiner Angst, meiner Panik, meinen Schmerzen und meinem Kranksein. Und darum mache ich es immer wieder, rede immer wieder alles weniger schlimm. Rede auch mir selbst immer wieder ein, dass alles nicht so schlimm ist, alles schon noch irgendwie machbar ist. Muss doch.

Hier in dieser zwangsverordneten Miniauszeit spüre ich zum ersten Mal: Ich muss mich nicht erklären, muss nicht vorspielen, dass alles noch geht, wenn gar nichts mehr geht. Hier wissen alle, was ich durchmache. Hier erschreckt das keinen, hier muss ich nichts beschönigen. Dieses Verstandenwerden sauge ich in mich auf wie ein Schwamm im Wüstenregen. Wenn die Pfleger oder Schwestern mich fragen, wie es mir geht, kann ich ehrlich sagen, es geht mir gut oder es geht mir mies. Das ist unwahrscheinlich befreiend.

Am Nachmittag kommt Professor Strumberg vorbei. Er möchte wissen, wie ich mir die weitere Therapie vorstelle. „Nicht mehr ambulant", antworte ich entschlossen. „Das möchte ich meinen Kindern nie wieder zumuten, mich in so einem Zustand sehen zu müssen." Der Beschützermodus hat mich wieder. Aber es geht auch um mich. Denn wenn ich sehe, wie sie sich ängstigen, dann leide ich doppelt. „Die ganze Situation", fahre ich fort, „eine Mama, die schwerkrank ist, das ist schon schwer genug für sie. (Wie war das gestern noch: Nie wieder Chemo, hatte ich geschrien.) Darum möchte ich Ihr Angebot annehmen und die Chemotherapie stationär erhalten. Einen Tag nach der Gabe hier zum Ausruhen, das würde mir, glaube ich, sehr guttun und wäre mit den Kindern zu organisieren." Der Professor nickt. „Gut", meint er, „so machen wir es. Die nächste Gabe bekommen Sie stationär." Er nennt mir einen Termin in drei Wochen und bittet mich, eine Einweisung vom Hausarzt mitzubringen und mich an der Patientenaufnahme anzumelden. „Alles Gute", wünscht er mir noch und ist weg. Ich sitze in meinem Privateinzelzimmer und muss mir wohl eingestehen, diesen

Arzt komplett falsch eingeschätzt zu haben. Was ich hier erlebt habe, ist ein Arzt, dem wirklich etwas daran liegt, mich so heil wie möglich durch diese Therapie zu bringen. Ich bin gerührt und merke, wie das neue Energien in mir freisetzt. Schnurstracks gehe ich in die Ambulanz und lasse mir eine Krankmeldung ausstellen. Das nächste halbe Jahr werde ich krank sein. Keine Arbeit, kein Ehrenamt. Nur meine Familie und ich.

MAI

Danke für alles

Die Hochzeit meines Bruders

Uniklinik Münster – Die Jolie-OP

Danke für alles

Ich bin wieder zu Hause. Kaum in der Einfahrt laufen mir meine Kinder entgegen. Wir nehmen uns in den Arm. Es ist so unglaublich schön, sie wieder zu sehen. Als wäre ich Jahre weg gewesen. Sie wollen alles wissen, müssen irgendwie ihren Schock loswerden. Erzählen hilft ihnen. Wir setzen uns an den Tisch, es gibt Lasagne, die meine Schwägerin Antje gekocht hat. Alles darf zur Sprache kommen, wie blass ich ausgesehen habe, welche Angst sie hatten, was in der Klinik mit mir gemacht wurde.

Es ist wunderbar, nichts tun zu müssen. Nur hier zu sitzen mit meinen Kindern und meinem Mann, wir alle zusammen. Ich habe überlebt und es geht mir ganz passabel. Große Dankbarkeit füllt mein Herz. So viel Hilfe und Unterstützung haben wir bekommen, dass es fast an ein Wunder grenzt. All die Freunde, Verwandten und Bekannten, die für uns da sind, nicht müde werden, ihre Dienste anzubieten und uns Ermutigungen zu schicken. Fast jeden Tag kommt jemand vorbei, um sich nur kurz nach mir zu erkundigen. Geschenke und Blumen erreichen mich. Ich freue mich über jede einzelne Zuwendung. Meine Schwiegermutter und meine Schwägerinnen bügeln unsere Wäsche, kochen für uns und packen im Haushalt mit an, wo sie nur können. Dreimal steht Kuchen vor unserer Tür. Von lieben Freunden gebacken. Einfach nur so. Um uns eine Freude zu machen und zu zeigen, wir sind da, wir denken an euch.

Ohne sich abgesprochen zu haben, schenken drei Freunde mir je einen Schutzengel. Ein Engel für jedes meiner Kinder. Die Gewissheit, dass uns Gottes Engel durch alle Situationen hindurch tragen werden, fühlt sich tröstlich an, hilft mir, die Sorge um meine Familie ein Stückchen abgeben zu können.

So viele Briefe erreichen mich. Aufmunternde und liebevolle Worte. Mein Bruder Markus schreibt mir: „Ich denke an dich und bete für dich! Du schaffst das, da bin ich mir ganz sicher. Wenn überhaupt jemand, dann DU!"

Über WhatsApp bekomme ich immer wieder Bilder oder nette Texte. Innerhalb unserer Familie wird der Internet Messenger zum liebevollen Boten. Bilder von meinen Kindern oder meinem Mann lassen mich an unserem Leben teilhaben, obwohl ich gar nicht dabei bin. Das ist wunderbar. Meine Schwägerin Antje bringt mir einen riesigen Blumenstrauß. Ich liebe Blumen, sie hätte mir keine größere Freude bereiten können. Johanna, Kunsttherapeutin im Olgäle in Stuttgart, ruft mich an und wir unterhalten uns stundenlang. Wir kennen uns von der jahrelangen Mitarbeit für die Freizeit Prima Klima, einer Freizeit für krebskranke Kinder, betreut durch ehemalige Patienten. Ihre Freundin hatte auch Brustkrebs und wurde geheilt. Das Gespräch lässt mich voller Hoffnung in die Zukunft blicken. So viele haben das geschafft, also schaffe ich das auch!

Die Spritzen zur Immunstärkung: Die erste hatte mir mein Hausarzt verabreicht. Er meinte, ich könne jederzeit zu ihm kommen, um von ihm gespritzt zu werden, aber das ist ganz schön zeitaufwendig. So gerne ich bei ihm in der Praxis bin, weil er immer einen aufmunternden Spruch parat hat und sein Praxispersonal so nett ist, das ist mir doch zu anstrengend. Die Lösung: Eine Schwägerin, gelernte Krankenschwester, wohnt gegenüber von uns und übernimmt es. Das ist wunderbar und mir eine große Hilfe. Sowieso beeindruckt mich zutiefst, wie freundlich bei meinem Hausarzt Dr. Schumann oder bei meiner Frauenärztin Dr. Bartz das Personal zu mir ist.

Der wöchentliche Blumengruß von Tanja.

Immer lassen sie alles stehen und liegen und möchten wissen, wie ich mit der Therapie zurechtkomme. Geben mir Tipps, wie ich dies oder jenes besser aushalten kann. Das sind eigentlich wildfremde Menschen, die sich so sehr um mich kümmern.

Auch die beiden Pastoren Dirk, Ralf und Uwe stehen mir sehr nahe. Seelsorge bekommt eine ganz neue Dimension für mich. Es zeigt mir, wie wichtig es ist, dass einfach mal jemand vorbeikommt, dem ich mein Herz ausschütten kann. Meine langjährige Brieffreundin Sabine ist mir ein großer Trost. Sie füttert mich mit Mut und Gottvertrauen: „Ich wünsche dir von Herzen Gottes Nähe, Kraft und Gehaltensein. Fühl dich umarmt", schreibt sie und ich fühle mich tatsächlich in den Arm genommen. Dazu bekomme ich eine wunderschöne Karte und eine CD. Und auch Christoph, wir haben uns als Jugendliche während unserer Kur kennengelernt, bleibt an meiner Seite. „Simone, ich wünsche dir alles Liebe für die nächste Zeit. Mehr als dir meine allerbesten Wünsche zu schicken, dass ich ganz fest an dich glaube, kann ich leider derzeit nicht tun. Aber sei dir meiner Gedanken und meines Mitgefühls sicher." Das bin ich. Denn ihm muss ich nicht viel erklären. Er weiß, wo ich gerade stehe. Von meiner Freundin Tanja aus Stuttgart bekomme ich ein Fotoalbum. 25 Jahre Simone und Tanja. Schluchzend halte ich dieses Buch in Händen. Bilder von unseren Jugendkuren, Bilder von Sylt, Bilder von unseren Zivi-Treffen im Schwarzwald. So vieles habe ich mit Tanja erlebt. Ich verspreche mir, immer wenn es mir ganz, ganz schlecht geht, dann werde ich dieses Buch ansehen. Ihre lieben Worte: „Es war so schön heute, deine Stimme zu hören. Du klingst so optimistisch, so voller Energie und Lebensfreude." Meine eigenen Worte, die durch sie einen neuen Wert für mich bekommen, sie mir selbst glaubbar machen.

Ein ganz besonderes Geschenk erhalte ich von meiner Fast-Nachbarin. Sie heißt auch Tanja und wir organisieren zusammen den Jugendgottesdienst. Seit Beginn meiner Chemotherapie finde ich jeden Montag ein Blümchen vor meiner Tür. Mal ein kleiner Blumenstock, mal ein buntes Sträußchen. Und immer hängt ein ermutigender Spruch zwischen den Blättern und Zweigen. „Wer seinen Weg geht, dem wachsen Flügel", lese ich im April. „Es gibt immer jemanden, der dir die Hand reicht, du musst nur mal hochschauen. Leben heißt nicht warten, wenn ein Sturm da ist, sondern lernen, im Regen zu tanzen", lautet die Botschaft im Mai. „Den Mutigen gehört die Welt!" So viel bedeuten mir diese Blumen und die Texte, jede Woche, sechs Monate lang. Tanja ist einer der vielen Engel, die mich während der Therapie immer wieder anspornen, mir den Mut geben, durchzuhalten. Meine Arbeitskollegin Sylvia hält mich mit kleinen Anekdoten von der Arbeit beim VdK auf dem Laufenden. Mit ihr zu lachen ist schön.

Ich habe wirklich die besten Freunde der Welt! So viele, die ich alle gar nicht nennen kann, die Liste wäre endlos.

Sicher, es gibt auch ein paar Freunde, die haben große Schwierigkeiten, Berührungsängste, wissen nicht, wie sie sich verhalten sollen mir gegenüber. Ich habe dafür Verständnis. Diese Krankheit ist lebensbedrohlich, jeder wird sich dann bewusst: Mich könnte das auch treffen. Das jagt Angst ein, das versucht man zu verdrängen. Kein Verständnis habe ich allerdings, wenn mir vorgeworfen wird: „Du meldest dich ja gar nicht mehr. Ich habe immer darauf gewartet, dass du dich mal meldest." Das geht dann doch zu weit. Diese Freundschaft hat sich wohl eher erledigt.

Und ich habe meine Musik. Ich liebe Musik. Sie hält mich am Leben. Ganz besonders liebe ich „Will you be there" von Michael Jackson. Dieses Lied habe ich 1990 während meiner Chemo in der Dauerschleife gehört, stundenlang, immer wieder, bis es zu einer Decke wurde, unter die ich mich verkriechen konnte. Beschützt von Tönen, die sich zu einem so zärtlichen und doch so kraftvollen Lied zusammenweben. Nie hatte ich mir die Mühe gemacht, genau hinzuhören, worüber in diesem Lied gesungen wird. Ich hatte mich allein vom Klang der Melodie und der Stimme tragen lassen. Erst als ich vor vier Jahren den Jugendgottesdienst gründete, fiel mir auf, dass dieses Lied eine Botschaft enthält. Jackson besingt das Leid und den Schmerz seines Lebens und fragt sich, ob Gott überhaupt da ist. Während des Liedes fragt er immer und immer wieder neu, bis er am Ende schließlich feststellt:

In meiner dunkelsten Stunde / In meiner tiefsten Verzweiflung / Wirst du dich noch immer kümmern? Wirst du da sein? – Ja, nun spüre ich die Freude und das Versprechen für einen weiteren Morgen, denn du bist in meinem Herzen.

Das ist so tröstlich. Da ist jemand, den das Gleiche umtreibt wie mich. Und da ist Gott, der mich hält, auch wenn ich Ihn nicht verstehe. Er hält mich, weil er in meinem Herzen ist.

„Bitte hör nicht auf zu träumen" ist auch so ein Lied. Es ist von Xavier Naidoo und macht mir jedes Mal bewusst: Ich kann meine Träume nicht fristlos entlassen, denn ich schulde ihnen mein Leben. Was wäre das Leben ohne Träume? Träume erhalten am Leben. Erhalten mich am Leben. Und ich habe so, so viele Träume, möchte noch so viel erreichen. Träume spornen mich an. In meinem Kopf sind Bilder, die mich motivieren. Die mich das Jetzt vergessen lassen. Das brauche ich so sehr.

Es gibt so viele tolle Lieder. Durch unseren Jugendgottesdienst (YouGo) habe ich gelernt, genauer hinzuhören und den Text zu erfassen. Genau das ist nämlich die Idee des Jugendgottesdienstes. Im Vorfeld lassen wir die Jugendlichen immer ein Lied aussuchen. Dieses Lied übersetzen wir und fragen sie dann, was uns dieses Lied für unser Leben sagen könnte. Mitunter lässt sich damit sogar aus „Partyliedern" noch etwas rausholen. Vor zwei Jahren wollten unsere Jugendlichen unbedingt „Hangover" von

Taio. In diesem Lied geht es genau um zwei Dinge: Alkohol und Feiern. So entstand die Idee, mit Rauschbrillen zu experimentieren, und es wurde ein sehr schöner Austausch darüber, wo die Grenze verläuft von Sich-Ausprobieren und Sich-nicht-mehr-unter-Kontrolle-Haben. Ich bin dankbar, dass es mittlerweile so einfach ist, Musik immer und überall bei sich tragen zu können. Ein Smartphone, ein Paar Ohrstöpsel und loslaufen. Raus, ins Grüne. Das holt mich immer wieder ins Leben zurück.

Die Hochzeit meines Bruders Daniel

Meine Perücke ist fertig und gefällt mir überhaupt nicht mehr. Bei den Anproben war ich so begeistert. Aber da hatte ich ja auch noch meine Haare. Jetzt, ohne Haare und auf diese Perücke angewiesen, bin ich nur noch entsetzt. Wie konnte ich die nur gut finden? Nils Rieswick, mein Friseur, bleibt ruhig. Vermutlich kennt er das Problem. Er bedeutet mir, mich zu setzen. Dann greift er zur Schere, schnippelt hier und da und steckt mir anschließend die Haare hoch. Das sieht schon besser aus. Trotzdem bin ich nicht überzeugt. Ich will meine Haare wieder haben. Ich will keine Glatze. Dabei ist die Perücke eigentlich toll. Viel natürlicher als diejenige, die ich damals als Jugendliche verpasst bekommen habe. Niemand erkennt, dass es nicht meine echten Haare sind. Nur ich hadere. Die Glatze macht mir bewusst, wie krank ich bin. Ich will das nicht! Es dauert einige Tage, bis ich mich mit meinem Zweithaar halbwegs anfreunde. Zu Hause wickele ich mir lieber Tücher um den Kopf. So ganz oben ohne mag ich doch nicht sein. Die Tücher habe ich ebenfalls im Perückenladen erstanden, gleich ein halbes Dutzend in allen möglichen Farben. Das erlaubt mir, täglich zu variieren. Sie sind weich und kratzen nicht. Die Perücke kommt nur im „Außendienst" zum Einsatz. Bei Schulveranstaltungen oder generell, wenn ich mit den Kindern unterwegs bin oder einkaufen gehe. Ich will nicht von jedem mitleidig angeguckt werden und ich will nicht, dass meine Kinder sich erklären müssen, warum ihre Mutter so komische Tücher um den Kopf trägt.

Ein wichtiger Grund, warum ich mir eine Perücke habe machen lassen, ist auch die Hochzeit meines Bruders Daniel, zu der wir eingeladen sind und bei der ich auf meine Eltern treffen werde, die ja immer noch nichts von meiner Therapie wissen. Darum kann ich dort schlecht mit einem Tuch um den Kopf auftauchen. Auf keinen Fall sollen meine Eltern etwas merken. Mein Bruder und seine Frau haben eine große Feier geplant und wir hatten eigentlich vor, tagelang durchzufeiern. Seit Monaten freue ich mich auf diese Hochzeit, darum habe ich mich bisher geweigert, irgendwelche Abstriche zu machen. Doch je näher der Termin rückt, desto mehr wird mir klar, dass ich diesen Partymarathon mitten in meiner Therapie körperlich nicht schaffen werde. Schweren Herzens sage ich meiner Schwägerin für den Junggesellinnenabschied ab. So gern wäre ich mit ins Stuttgarter Stadion gegangen und hätte dem VfB Stuttgart gegen Freiburg zugejubelt. Die Feier ist geplant als ein Drei-Tage-Reigen aus Polterabend, standesamtlicher Trauung und kirchlicher Trauung. Auch das ist nach meinem letzten Zusammenbruch viel zu viel für mich und ich überlege ernsthaft, nur meinen Mann und die Kinder zu schicken. Mein Bruder und meine Schwägerin wären sicher enttäuscht, würden es aber verstehen. Doch was wäre mit meinen Eltern? Sie wissen, wie sehr ich mich auf diese Hochzeit freue, und würden garantiert anfangen, nachzufragen.

Vier Tage vor der Hochzeit habe ich endlich einen Plan. Meine Familie wird das komplette Programm mitmachen. Ich hingegen werde erst am Tag der kirchlichen Trauung mit dem Zug anreisen. Meinen Eltern erzähle ich, dass die heftige Erkältung, die ich ja auch wirklich habe, mich so schafft, dass ich noch ein bisschen Zeit zum Ausruhen brauche. Sie akzeptieren das, ohne irgendwelche Fragen zu stellen, und ich merke, sie sind selbst noch so sehr mit ihren eigenen Krankheiten beschäftigt, dass wenig Raum für anderes bleibt. Das wiederum bestätigt mich darin, das Richtige zu tun.

Am Tag des Traugottesdienstes fahre ich früh um sechs Uhr mit dem Zug los. Ich bin aufgeregt, konnte die halbe Nacht nicht schlafen. Hoffentlich ist der Zug pünktlich, ich will auf keinen Fall zu spät kommen. Die Trauung nicht auch noch verpassen. Über WhatsApp bekomme ich die ersten Fotos, das Hochzeitsauto, mein Bruder im schwarzen Anzug mit weißem Hemd und beigefarbener Krawatte, meine Schwägerin in einem bodenlangen schulterfreien Kleid. Die Haare hochgesteckt und mit kleinen Perlen verziert. Ein richtig schönes Brautpaar.

Ich komme pünktlich in Stuttgart an, Arnd holt mich vom Bahnhof ab. Zum Glück sind wir bei meinem Bruder untergebracht. Jetzt direkt auf meine Eltern zu stoßen, würde mich überfordern. Ich brauche erst die Sicherheit, dass meine Perücke perfekt sitzt und kein Mensch etwas sieht. Und so ist es. Nachdem meine beiden Brüder und Schwägerinnen mir bestätigt haben, dass alles gut ist, fahren wir zur Kirche in Winnenden. Das Hochzeitsauto direkt hinter uns. Es hat ein riesiges Herz aus roten, pinken und weißen Rosen auf der Motorhaube.

An der Kirche warten bereits meine Eltern und die ganze Verwandtschaft. Als ich sie sehe, merke ich, wie mein Stresspegel steigt. Will ich wirklich aus diesem Auto aussteigen? Aber was habe ich für eine Wahl? Meine Kinder springen bereits los, ich atme tief durch und folge ihnen. Die Notlüge mit der Erkältung war eine gute Idee, denn so komme ich nicht in die Verlegenheit, jemanden umarmen zu müssen und dabei zu riskieren, dass meine Perücke verrutscht. Tatsächlich bemerkt keiner etwas, selbst meine Eltern nicht. Alle fragen nur freundlich, ob es mir nach der Erkältung wieder gut gehe. Was ich mit einem „es geht wieder, nur noch ein bisschen schlapp“ bejahe.

Die Schlosskirche in Winnenden wurde im 14. Jahrhundert erbaut, durch das viele Holz wirkt sie trotz ihrer Größe nicht kalt. Und der Boden aus hellbraunem Stein fügt sich sanft ins Gesamtbild. In den Hochaltar sind vier Bilder geschnitzt. Auf einem ist Jesus zu sehen, der die Pilger segnet. Ich bin fasziniert, wusste ich nicht einmal, dass diese Kirche auf dem Jakobsweg nach Spanien liegt. Ich bin so glücklich, dass ich diese Trauung miterleben darf, hier in dieser Kirche zwischen meinem Mann und meiner Mutter sitze! Beim Ja-Wort bekomme ich Gänsehaut. Mein Bruder und meine Schwägerin sind so aufgeregt, dass sie kaum sprechen können. Nicht minder aufgeregt

Die Hochzeit meines Bruders Daniel
und dessen Frau Heike und wir als Familie.

sind meine beiden Großen. Marvin und Sarah müssen nämlich meinen Part im Gottesdienst übernehmen. Wir haben zu Hause ein Bild von meinem Bruder und meiner Schwägerin vorbereitet. Am Bilderrahmen kleben kleine rote Herzchen. Auf diese sollen alle Gäste ein paar gute Wünsche schreiben, die das Brautpaar wie ein roter Faden durchs Leben begleiten mögen. Das anzukündigen ist nun Aufgabe meiner Kinder. Sarah soll zudem die Ringe zur Trauung tragen. Ein Moment, der mich unglaublich rührt.

Ich freue mich, meinen Pastor aus Jugendtagen wiederzutreffen und einige alte Bekannte aus meiner früheren Jungscharzeit. Sie haben während des Gottesdienstes gesungen. Wir stehen vor der Kirche, trinken Sekt und essen Schneckennudeln und Lachsbrötchen. Ich begreife erst langsam, dass ich wirklich dabei bin. Unbändige Freude macht sich in meinem Herzen breit. Immer mehr taue ich auf, werde sicherer und genieße die Gespräche mit Verwandten und Freunden.

Die anschließende Feier findet im Burghotel statt. Dem Hotel, das bei unserem Elternhaus um die Ecke steht, mit dem traumhaften Blick auf Stuttgart. Ich nehme Platz und genieße. Essen, das ich nicht selbst kochen muss, fand ich schon immer großartig. Ich bleibe bis spät in die Nacht, falle danach vollkommen erschöpft ins Bett und schlafe tief und fest bis weit in den nächsten Morgen. Ich nehme nicht einmal mehr wahr, dass mein Mann und meine Kinder irgendwann nachkommen.

Direkt nach dem Frühstück wollen wir los. Meine Eltern kommen, um uns noch einmal zu sehen. Damit hab ich nicht gerechnet. Schnell packen wir alles zusammen. Ich merke, wie enttäuscht sie sind. Aber mich verlassen meine Kräfte und ich will einfach nur nach Hause. Außerdem weht draußen ein schrecklicher Wind und ich bin in Panik, dass mir auf dem Weg zum Auto die Perücke vom Kopf fliegt. Darum laden wir alles so schnell wie möglich ein und fahren los.

Die Rückfahrt bringen wir ziemlich schweigsam hinter uns. Alle sind noch müde. Das lässt mir Zeit zum Nachdenken und ich bin erstaunt, wie gut alles geklappt hat. Keiner hat sich verplappert. Kein mitleidiger Blick, kein betretenes Schweigen. Ich bin meinen Brüdern, meinen Schwägerinnen und meiner Familie echt dankbar. Und ich bin immer noch der festen Überzeugung, das Richtige zu tun, nämlich bei meinen Eltern zu schweigen. Obwohl das weder mein Mann noch viele Verwandte verstehen können. Aber ich kann es und das muss reichen.

Uniklinik Münster – Die Jolie-OP

Ich habe einen weiteren Termin in Gelsenkirchen. Die erste Kontrolluntersuchung, ob die Chemo wirkt. Eine Freundin begleitet mich. Meine Hoffnungen sind ziemlich hoch gesetzt. Ich bete, dass der Tumor einfach schon weg ist. Dann könnte ich mir die restliche Chemo sparen. Das könnte doch sein. Wunder gibt es immer wieder.

Warum also nicht bei mir? Ich muss nur fest genug dran glauben.

Nach der Untersuchung bin ich bodenlos enttäuscht. Der Tumor ist kleiner geworden, aber er ist keineswegs weg. Eigentlich müsste ich mich freuen, denn das heißt, dass der Tumor auf die Therapie anspricht und alle Quälerei nicht umsonst war. Aber ich bin so niedergeschlagen. Warum ist nicht alles weg? Ich könnte schreien bei dem Gedanken, schon so bald wieder an den blöden Infusionen zu hängen. Warum, Gott, hilfst du mir nicht? Für dich wäre es doch nicht mehr als ein Fingerschnipsen.

Erst Stunden später gelingt es mir, die eigentliche Botschaft anzuerkennen. Der Tumor wird kleiner. Das ist ein erster Sieg. Die Chemo wird, wie gehabt, im Marien Hospital in Herne fortgeführt.

Nachmittags telefoniere ich mit Professor Schellong. Er führt seit fast 30 Jahren eine Langzeitstudie zur M. Hodgkin-Krebserkrankung durch. Immer wieder werde ich von ihm angeschrieben, wie es mir gesundheitlich gehe. Ich habe schon des Öfteren mit ihm telefoniert, wenn irgendwelche Fragen mir keine Ruhe ließen. Vor einigen Jahren, als ein vergrößerter Lymphknoten meinen Hausarzt sehr verunsicherte, blieb er ganz gelassen, gab Entwarnung und half mir, mich gegen eine Operation durchzusetzen. Die Operation wäre nämlich keine kleine gewesen, da der vergrößerte Lymphknoten direkt zwischen Speiseröhre und Hauptschlagader liegt.

Jetzt brauche ich erneut seinen Rat. Mein Brustkorb und mein Brustgewebe wurden auf beiden Seiten bereits zweimal bestrahlt. Darum lässt es mir keine Ruhe, was mit meiner linken Brust wird. Wie wahrscheinlich ist es, dass sich auch dort ein Zweittumor entwickelt? Gibt es Erfahrungen von anderen Patientinnen in einer ähnlichen Situation? Ich brauche so dringend Erfahrungsberichte und Ermutigungen von Frauen, die das schon geschafft haben. Professor Schellong vermittelt mir tatsächlich den Kontakt zu einer Patientin, die vor über 20 Jahren M. Hodgkin hatte und vor vier Jahren Brustkrebs. Sie bekam Chemo und musste sich die linke Brust entfernen lassen. Doch die Angst vor einem neuen Rezidiv war so groß, dass sie zwei Jahre später auch die rechte Brust entfernen ließ. Durch diese Operation verschwand ihre riesige Angst vor einem Rückfall, und sie konnte endlich positiv in die Zukunft blicken. Kurz gesagt: Sie fühlt sich sehr, sehr gut, seit ihr komplettes Brustgewebe entfernt wurde. Ich habe meine Quelle gefunden.

Seit Wochen kreisen meine Gedanken darum, auf welcher Zeitbombe ich da eigentlich sitze. Wann wird ein neuer Tumor auf der linken Seite ausbrechen? Schließlich wurde auch die bestrahlt. Eigentlich wurde die linke Brust fast vollständig bestrahlt, während die rechte nur zur Hälfte bestrahlt wurde. Mein aktueller Tumor befindet sich in der rechten Brust, genau an der Bestrahlungsaußenlinie. Das ist typisch für Zweittumore, die durch eine vorangegangene Bestrahlung entstehen. Ich habe schreckliche Angst, dass mit diesem Tumor nicht alles ausgestanden ist. Professor Schellong kann mich verstehen, denn er leitet ja seit etwa 30 Jahren mehrere aufeinanderfolgende bundesweite Therapiestudien zum Hodgkin-Lymphom bei Kindern und Jugendlichen. Dabei verfolgt er bis heute über 1000 Patienten in einer Langzeit-Nachsorgestudie auf Spätfolgen. Gerade wurde seine Beobachtungsstudie über die Langzeitfolgen von Bestrahlungen nach M. Hodgkin abgeschlossen. Die Ergebnisse sind eindeutig, es besteht eine sehr hohe Wahrscheinlichkeit für einen zweiten Tumor. Da der Artikel zur Studie vor kurzem beim Deutschen Ärzteblatt eingereicht wurde, darf Professor Schellong jedoch keine näheren Details an mich oder meine Ärzte herausgeben. Er bestätigt mir nur, dass ich eine etwa 30-prozentige Wahrscheinlichkeit habe, dass sich auch in meiner linken Brust ein Tumor entwickeln wird. Vielleicht ist die Wahrscheinlichkeit in meinem Fall sogar noch etwas größer, da ich bereits zweimal bestrahlt wurde.

Meine Angst bestätigt sich. Genauso wie die Vorahnung, die mich mit sechzehn Jahren schon vor der Bestrahlung hatte zaudern lassen. Eigentlich war geplant, dass bei mir brusterhaltend operiert werden soll. Der Tumor ist klein genug dafür. Doch nun stellt sich mir die Frage, ob eine komplette Amputation beider Brüste (Mastektomie) nicht sinnvoller wäre. Wer würde mir helfen, diese Entscheidung zu treffen? Alles ab und die ziemlich große Sicherheit, keinen neuen Brustkrebs zu bekommen, oder keine Operation und jedes Mal vor jeder Vorsorgeuntersuchung vor Angst zu sterben? Je mehr ich darüber nachdenke, desto mehr will ich, dass alles weg kommt. Gedanklich gehe ich sogar so weit, zu sagen, dass diese Operation meinen Körper wenigstens ein bisschen vor diesen unnötigen, bösen, nutzlosen Tumorzellen beschützen wird. Immerhin hätte ich damit nur eine Quote von ungefähr 5 Prozent für einen Rückfall. Wenn ich die Operation nicht mache, wären es ja etwa 30 Prozent. Das ist ziemlich aussagekräftig. Trotzdem, so einfach ist es nicht. Das ist kein kleiner Eingriff und wenn die Brüste ab sind, sind sie ab. Da gibt es kein Zurück mehr. Ich brauche noch mehr Informationen. Viel mehr Informationen.

Nur einen Tag später bekomme ich Schützenhilfe von einer völlig unerwarteten Seite: Eine Schlagzeile geht um die Welt. Angelina Jolie ließ sich vorsorglich ihre Brüste entfernen, um so dem Brustkrebs zuvorzukommen. Ihre Mutter war an Brustkrebs gestorben und sie trägt das Gen für die Entwicklung zum Brustkrebs in sich. Was folgt, ist ein regelrechter Medienhype über das Für und Wider dieser Operation. Unglaublich, wer sich alles ein Urteil erlaubt, ohne auch nur ein Fünkchen Ahnung zu haben, wie es sich anfühlt, mit der ständigen Angst vor dem Krebs zu leben. Mit einer solchen Operation würde man Gott spielen, sich herausnehmen, über Leben und Tod zu entscheiden. Betroffene Frauen hingegen loben den mutigen Schritt der Jolie. Durch ihr öffentliches Bekenntnis zur Operation erreicht die Hollywoodschauspielerin genau das: Sie setzt eine Diskussion in Gang und sie macht anderen Frauen, Frauen wie mir, Mut.

Die Entscheidung, sich die Brüste abschneiden zu lassen, trifft man nicht leichtfertig. Selbst in Hollywood nicht. Damit setzt man sich wochen-, monate- und manchmal sogar jahrelang auseinander. Wägt alles ab, sucht Alternativen, brütet über Statistiken, dreht Wahrscheinlichkeiten in alle Richtungen. Ich jedenfalls bin Angelina Jolie dankbar dafür, dass sie sich geoutet hat. Mir schenkt es den Mut, diese Operation ernsthaft in Erwägung zu ziehen, und obendrein öffnet es mir viele Türen.

JUNI

Eine Entscheidung wird vorbereitet

Vierte Chemo, BRCA – Von 37 Grad auf Null

Paclitaxel, die giftige Eibe

Eine Entscheidung wird vorbereitet

Ich melde mich pünktlich zur dritten Chemo auf Station 7. Wie besprochen soll diese stationär stattfinden. Doch dann erfahre ich: Kein Zimmer ist frei. Na prima. Zwei Stunden harre ich mit meinem Köfferchen auf dem Flur aus, komme mir fehl am Platz und blöd vor. Was für ein Unterschied zur Privatstation, auf der ich das letzte Mal wohnen durfte. Endlich bekomme ich doch mein Zimmer zugewiesen, es ist ein müder Abklatsch zur Ersten Klasse: weiße Wände, graue Vorhänge mit ein paar bunten Streifen, das übliche graue Nachttischrollschränkchen mit Schublade und Klapptür zu zwei Seiten. Allerdings hat jedes Bett einen eigenen Fernseher. Das Badezimmer ist winzig, sowohl die Fliesen als auch die Armaturen haben schon bessere Zeiten gesehen. Aber dann wage ich einen Blick aus dem Fenster und staune: Die Aussicht aus diesem Zimmer ist grandios. Für die verzichte ich gern auf Holzfußboden, frische Blumen und ein Wellness-Badezimmer. Das brauche ich alles nicht wirklich. Aber dieser Blick hier über Herne, den brauche ich. Der lässt mich atmen, der fühlt sich frei an, ist das beste Mittel gegen meine Beklemmung wegen der Chemo. In der Ferne ist die Veltins-Arena, das riesige Stadion von Gelsenkirchen, zu sehen. Von hier oben wirken die Kronen der Bäume, die zwischen den Häusern und Industriebauten stehen, so groß, dass es aussieht, als gäbe es überall in der Stadt kleine Wäldchen. Mein Zimmer teile ich mir diesmal

Der herrliche Blick aus meinem Krankenzimmer im Marien Hospital.

mit einer siebzigjährigen Frau, die wegen Darmblutungen hier ist, deren Ursache noch nicht gefunden wurde. Stolz erzählt sie mir, dass ihr Sohn Arzt an dieser Klinik ist. Er ist Radiologe und kommt sie immer wieder besuchen. Glücklich berichtet sie mir von seiner Familie und den Enkelkindern. Ich bin eine dankbare Zuhörerin. Ich hab' schon immer gern den Erzählungen von älteren Menschen gelauscht. Die Lebenserfahrung, die aus ihnen spricht. Genau wie ich ist auch meine Zimmernachbarin in ihrer Kirchengemeinde aktiv. Wir unterhalten uns über die ehrenamtliche Mitarbeit. Über die Gemeinde und wie wundervoll die Gemeinschaft einer Gemeinde trägt. Wie viele Menschen für sie und auch für mich beten. Ich blühe regelrecht auf in ihrer Nähe. Wir beide werden für zwei Tage eine kleine Ersatzfamilie und ich freue mich, dass ich gerade hier auf diesem Zimmer gelandet bin.

Diese Unterstützung gibt mir den nötigen Mut, Frau Dr. Malin auf eine Mastektomie anzusprechen. Natürlich kennt sie den Jolie-Fall. Sie schaut mich mit großen Augen an. So ein Promi-Ding. Was ist davon zu halten? Als ich ihr jedoch von der Studie von Professor Schellong erzähle, wird ihr Blick verständnisvoller. „Das muss schon gut überlegt sein", lautet ihre Antwort. Nichts anderes habe ich vor.

Unser Gespräch muss sich wohl schnell unter den Ärzten verbreitet haben, denn kurze Zeit später steht Professor Strumberg vor mir. „Sie wollen also eine Jolie-OP?", fragt er mich. Na großartig. „Von ‚wollen' kann ja nun nicht die Rede sein", antworte ich, „aber es ist zumindest eine bedenkenswerte Alternative zu der tickenden Zeitbombe in meiner Brust. Finden Sie nicht?" Das kann er nicht widerlegen. Meint jedoch auch, dass eine Entscheidung noch Zeit habe, ich zuerst mit den Ärzten in Gelsenkirchen sprechen solle. Das werde ich tun, versprochen. Aber ich will obendrein noch eine Zweitmeinung. Darum beschließe ich, die Uniklinik in Münster zu Rate zu ziehen, und schicke eine Mail an Dr. Püsken, den Radiologen, der mich so freundlich beim ersten Mal in Münster beraten hat.

Sehr geehrter Herr Dr. Püsken,
nach Rücksprache mit Professor Schellong (Uni Münster) wende ich mich nochmals an Sie. Sie erinnern sich, das Mammakarzinom in der rechten Brust, entstanden durch die Bestrahlung im Jugendalter (M. Hodgkin)?
Mittlerweile befinde ich mich in der Chemotherapie, die an der Uniklinik MH Herne durchgeführt wird. Der Tumor beginnt auch schon kleiner zu werden. Im September steht die Operation an. Dazu stellt sich mir die Frage: Reicht es, „nur" regional zu operieren? Oder wäre es sinnvoll, direkt beide Brüste zu amputieren, um einer neuen Erkrankung zuvorzukommen? Denn sollte z.B. die linke Brust irgendwann betroffen sein (durchaus wahrscheinlich lt. Prof. Schellongs Langzeitstudien, dieser zur Folge liegt dies bei etwa 30%), wird allein schon das Bestrahlen ein Problem, weil diese Seite auch schon im Jugendalter komplett bestrahlt wurde. Bitte verstehen Sie mich nicht falsch, ich möchte hier nichts überstürzen. Ich möchte mich über eine sinnvolle Behandlung informieren. Möchte alle Vor- und Nachteile, so gut es geht, abwägen. Dazu gehört, mir so viele Meinungen wie möglich einzuholen, um mich dann zu entscheiden.

Deshalb schreibe ich Sie an. Gab/gibt es bei Ihnen eventuell auch schon einmal einen ähnlichen Fall wie den meinen? Wie wurde in Ihrer Klinik dazu entschieden? Ich weiß, ich verlange viel. Aber vielleicht haben Sie nochmals die Möglichkeit, sich mit Ihren Kollegen zu diesem Fall auszutauschen? Für Ihre Hilfe wäre ich Ihnen unendlich dankbar und verbleibe mit freundlichen Grüßen, Simone Heintze

Postwendend bekomme ich Antwort:
Sehr geehrte Frau Heintze,
vielen Dank für Ihre Mail. Es freut mich zu hören, dass die Therapie anschlägt. Wie Sie wissen, habe ich regelmäßig Konferenzen mit unseren Gynäkologinnen. Wie besprochen habe ich Ihren Fall in unserer Konferenz diskutiert. In der Tat ist es so, dass es noch keine validen Daten zu diesem Thema gibt. Die Entscheidung muss ganz individuell getroffen werden. Wir schlagen Ihnen vor, dass Sie sich in nächster Zeit einmal in unserem Brustzentrum vorstellen, um persönlich die Vor- und Nachteile einer prophylaktischen Brustdrüsenentfernung zu besprechen. In einem persönlichen Gespräch lassen sich diese Fragen deutlich besser klären als am Telefon. Dann können Sie sich eine Zweitmeinung einholen und in Ruhe darüber nachdenken. Melden Sie sich doch einfach für einen Termin in der Ambulanz. Alles Weitere werde ich in die Wege leiten.
Mit freundlichen Grüßen aus Münster, Dr. Püsken

Dr. Püsken hat tolle Vorarbeit geleistet. Der Termin ist ohne Probleme kurzfristig zu haben. Schon wenige Tage später fahre ich mit meiner Freundin Kathrin zur Uniklinik nach Münster. Die Klinik liegt eine gute Autostunde von uns entfernt. Die Ärztin, die mit mir über die Operation spricht, ist sehr offen. Sie erklärt mir genau, wie so ein Eingriff abläuft. Und sie empfiehlt mir, bei meiner Geschichte, das Brustdrüsengewebe entfernen und danach Implantate einsetzen zu lassen. Dann wäre auch keine Bestrahlung notwendig.

WAS?

Wenn ich alles wegmachen lasse, muss ich nicht bestrahlt werden? Unglaublich! Ganze drei Mal frage ich nach, ob ich das auch wirklich richtig verstanden habe.

So sehr hatte ich im Vorfeld darum gebetet, dass Gott mir bei dieser Frage den richtigen Weg zeigt. Dass er mir sagt, ob ich diese OP machen lassen soll oder nicht. Es hat mir wirklich zu schaffen gemacht, ob ich als gläubiger Mensch einen solchen Eingriff vornehmen lassen sollte. War das unter Vorsorgeaspekten zu rechtfertigen oder sollte ich nicht lieber auf Gott vertrauen, dass er mich schon vor einer weiteren Erkrankung beschützen würde? Und dann bekomme ich dieses Geschenk. Ja, für mich ist das ein Geschenk. Ich muss mit dieser Operation nicht bestrahlt werden. Das ist die Antwort, auf die ich so gehofft habe.

Voller Optimismus verlassen wir die Klinik. Das war wirklich klasse! So ein ausführliches Gespräch und das, obwohl ich nur für eine Zweitmeinung vorgesprochen habe. Vermutlich erhofft sich die Klinik, dass ich mich hier operieren lasse und so ganz abgeneigt bin ich in diesem Moment auch nicht. Doch ich werde in jedem Fall noch in Gelsenkirchen vorsprechen. Bei einer Operation von dieser Größenordnung will ich mir sicher sein und mich auch in meiner Umgebung wohlfühlen. Und da erscheint Gelsenkirchen mir vertrauter.

Vierte Chemo, BRCA – Von 37 Grad auf Null

Meine vierte Chemo steht an. Da es organisatorisch schwierig ist, am gleichen Tag, an dem ich die Chemo bekomme, anzukommen, checke ich bereits am Nachmittag zuvor im Marien Hospital ein. An der Anmeldung werde ich wieder freundlich empfangen und darf meine ganzen Wehwehchen aufzählen. Meine Mundschleimhaut hat sich ziemlich entzündet und ständig schmerzen die Nieren. Immer wieder bekomme ich Bauchkrämpfe. Das macht mir Angst. Die größten Sorgen mache ich mir um meine Nieren. Mir wird versprochen, dass man sich am nächsten Tag darum kümmern werde.

Doch am nächsten Tag braust erst einmal die Chemo durch meine Adern. Diesmal bin ich nach den drei Stunden wirklich geschafft und froh, mich einfach nur in mein Krankenhausbett legen zu müssen. Niemand da, der nach mir rufen könnte, niemand, der etwas von mir will. Ich dämmere einfach so vor mich hin. In der Nacht kann ich nicht schlafen, aber es widerstrebt mir, eine Schlaftablette zu nehmen. Ich habe meinem Körper heute schon genug zugemutet. Am nächsten Morgen sind meine Hände und Füße stark geschwollen, mein Kreislauf ist auch nicht der beste. Es ist erst 10 Uhr, aber wir haben schon 28 Grad. Jetzt wäre ich doch lieber zu Hause, in unserem kühlen Keller oder im abgedunkelten Wohnzimmer.

Meine Nieren beunruhigen mich weiterhin. Ständig habe ich Schmerzen, es ziept und zwickt und mir kommt es vor, als wollten sie mir in höchster Not sagen: Danke, es reicht! Wir haben genug. Bei der Visite sage ich das dann auch. Kurzerhand nimmt mich Professor Strumberg zum Ultraschall mit. Auch dieses Mal gibt er sich unendlich viel Mühe, mir meine Angst zu nehmen. Er erklärt mir, dass die Schutzhülle meiner beiden Nieren keine Auffälligkeiten zeigen. Erläutert mir Größe und Beschaffenheit der Organe. Auch für die schwarzen Flecken, die ich im Ultraschallbild deutlich sehen kann und die mir so bedrohlich vorkommen, findet er eine plausible Erklärung. Nur Wasser. „Die Chemo, Frau Heintze, hat Ihren Körper schon längst verlassen. Ein paar Stunden nur, dann sind die Zytostatika ausgeschieden." Ja, ja, ich weiß schon, die kleinen Männchen, die schon längst wieder in ihrem Baucontainer schlummern und auf den nächsten Einsatz warten. Aber von denen weiß er ja nichts und das soll auch so bleiben. Entscheidend ist, dass er, der Arzt, nichts Bedenkliches gefunden hat. Also ist alles in Ordnung. Aber die Angst in meinem Kopf ist größer. Auch Ärzte können irren. Es ist so schwer, die Angst abzuschalten.

Während der Untersuchung erzähle ich dem Professor von meinem Gespräch in Münster. Es sprudelt alles nur so aus mir heraus. Zwar habe ich bereits stundenlang mit meinem Mann und meiner Freundin über die Operation gesprochen, aber die beiden haben kein Fachwissen. Sie hören mir zu, akzeptieren aber letztlich alles, was ich ihnen sage, einfach aus dem Grund, dass sie es doch nicht besser wissen können. Aber ich muss mehr wissen. Mich interessiert brennend, ob durch die OP die Chemo vielleicht jetzt schon abgesetzt werden kann. Wenn das der Fall ist, würde ich mich am liebsten morgen gleich operieren lassen. Ich ernte ob dieser Frage zum ersten Mal einen wirklich bösen Blick meines Arztes. Nein, da lässt er gar nicht mit sich diskutieren. Die Chemo wird bis zum letzten Tag durchgezogen. Keine Alternative. Ich knicke ein. Wäre auch zu schön gewesen.

Ich erzähle von Professor Schellongs Studie und den Ergebnissen, von meiner Überlegung, mein Brustgewebe komplett entfernen zu lassen. Geduldig hört sich Professor Strumberg meine ganze Geschichte an und allein dieses Zuhören tut mir gut. Erst am Ende meldet er sich zu Wort, meint, dass er diese Operation in meinem Fall tatsächlich für überlegenswert halte. Bestätigt mir, dass ich damit auch um die Bestrahlungen herum käme, allerdings unter dem Vorbehalt, dass keine weiteren Lymphknoten betroffen wären. Er legt mir nahe, auf jeden Fall noch in der Klinik in Gelsenkirchen vorzusprechen, glaubt, dass ich beim Kollegen dort gut aufgehoben sein würde. Ich wiederum lasse nach diesem Gespräch meine Überlegung, eventuell noch eine dritte Klinik anzufragen, fallen und vereinbare stattdessen einen Termin in Gelsenkirchen. Entweder Münster oder Gelsenkirchen. Eine Klinik von beiden wird das Rennen machen.

Die nächsten Tage habe ich ziemlich mit den Nachwirkungen der Chemo zu kämpfen. Ich kann nachts nicht schlafen, habe am Tag für nichts Nerven und fühle mich total erschöpft. Schon ein halbstündiges Gespräch über die Hausaufgaben mit meiner Tochter überfordert mich fast. Wie ich das hasse. Und da warten noch zwölf Wochen Chemo auf mich. In zwei Wochen werde ich jede Woche Chemo bekomme, dann auch nicht mehr stationär, sondern ambulant. Jede Woche eine neue Giftpackung. Keine Ahnung, wie ich das packen soll. Obwohl mein Arzt mir redundant versichert, dass ich das Schlimmste überstanden hätte. Der hat gut reden.

Zusätzlich drehen sich meine Gedanken ununterbrochen um diese Operation. Dauernd suche ich nach neuen Infos im Internet. Was ich da lese, ist Segen und Fluch zugleich. So viele furchtbare Berichte finde ich. Kaum jemand schreibt, dass bei ihm alles glatt gelaufen ist. Tausend Dinge, die bei einer Chemo oder OP passieren können. Es tut mir nicht gut, das zu lesen, aber gleichzeitig kann ich nicht aufhören, noch mehr erfahren zu wollen. Es ist wie bei einem Krimi, der eigentlich das eigene Verarbeitungspotenzial an Gruselfaktor übersteigt, den man aber trotzdem immer weiter gucken muss.

Am 24. Juni findet das Gespräch im Brustzentrum Gelsenkirchen statt. Mein Mann und ich werden von Dr. Fischer in Empfang genommen. Er ist bereits voll im Bilde. Das ist klasse, denn ich bin es ziemlich leid, mich immer wiederholen und neu erklären zu müssen. Zum Glück hat Professor Strumberg das für mich übernommen und wir können direkt in die Details gehen. Grundsätzlich kann Dr. Fischer meinem Wunsch folgen. Versteht, warum ich zu dieser Operation tendiere. Das ist gut. Aber dann kommt's. „Für eine komplette Entfernung des Brustgewebes mit anschließendem Brustaufbau wären insgesamt fünf bis sechs Operationen nötig, Frau Heintze." Ich erstarre. Von Yippieh-Yeah, alles wird gut, stürze ich mal eben kopfüber ins Eisbecken. Von 37 Grad auf Null. Alle weiteren Erklärungen rauschen nur noch durch mich durch. „Jede Brust muss einzeln entfernt werden", erklärt Dr. Fischer, „und danach wird in einer weiteren OP ein Implantat eingesetzt." Seine größte Sorge gilt meiner Brusthaut. „Bei Ihnen ist schon zweimal bestrahlt worden, da müssen wir vorsichtig sein. Sicher gehen, dass die Haut das mitmacht." Ich traue mich gar nicht zu fragen, was passieren könnte, wenn die Haut das nicht mitmacht. Meine Euphorie ist ohnehin dahin. Ebenso wie mein Heldenmut.

Wenn es gut läuft, habe ich fünf Operationen vor mir. Das versetzt mich in einen absoluten Ausnahmezustand. Habe ich schon erwähnt, dass ich panische Angst vor Narkosen habe? Mich abzugeben und zu akzeptieren, dass andere Menschen über mein Leben bestimmen, finde ich unerträglich. Vor jeder Operation zittere ich am ganzen Körper. Das ist selbst mit Beruhigungsmitteln nicht in den Griff zu bekommen. Und jetzt gleich fünf Operationen in Folge. Ich verlasse Dr. Fischers Sprechzimmer in einer Art Schockzustand.

Zusätzlich hat Dr. Fischer mich gebeten, an der Uniklinik in Köln vorzusprechen: für einen BRCA-Test, der Test, der auch bei Frau Jolie durchgeführt wurde. BRCA steht für „Breast Cancer", also dem englischen Wort für Brustkrebs. Manchmal entsteht Krebs durch Veränderungen an den Genen und diese Gene können vererbt werden. Trägt man dieses Gen in sich, steigt auch das Risiko, an Eierstockkrebs zu erkranken. Ob das der Fall bei mir ist, soll der BRCA-Test klären. Sicherlich kein schlechter Gedanke, schließlich habe ich zwei Töchter. Sollte ich dieses Gen in mir tragen, wäre das auch für ihre Zukunft enorm wichtig.

Dies hat allerdings nichts mit der Vorerkrankung, also dem Hodgkin zu tun, weder mit der Chemotherapie noch mit der Bestrahlung. Zumindest zum jetzigen Zeitpunkt. Hier soll einfach vor der OP geklärt werden, ob ich dieses Gen in mir trage. Denn würde es bei mir nachgewiesen werden, wäre die totale Mastektomie fast schon Pflicht. Die würde dann sofort, aufgrund dieses Gendefektes, von jeder Krankenkasse genehmigt werden. Außerdem bekomme ich so doch noch die Gelegenheit, in einer weiteren Klinik meine geplante Operation anzusprechen. Wie wird Köln die Lage bewerten? Wenn die Uniklinik für eine Entfernung des Brustgewebes votiert, wäre der Antrag bei der Krankenkasse schnell genehmigt. Außerdem hat mich Dr. Fischer vorsichtig vorzubereiten versucht, könnte es durchaus Schwierigkeiten bei der Genehmigung geben. Auch das noch! Daran habe ich noch gar nicht gedacht, dass die Krankenkasse eventuell nicht mitspielt. Und bei meinen Erfahrungen in den letzten Monaten habe ich nicht unbedingt ein gutes Gefühl. Kann die Kasse etwas ablehnen, was Ärzte befürworten? Vorher jedoch werde ich die vierte Klinik ansteuern und wieder neuen Ärzten von mir und meiner Krankheitsgeschichte erzählen. Den Termin dafür bekomme ich in vier Wochen. Eigentlich ist mir da gar nicht danach.

Paclitaxel, die giftige Eibe

Vier Chemo-Blöcke habe ich geschafft. Heute folgt Nummer fünf. Bei diesem werde ich ein neues Medikament bekommen. Zwölf Wochen lang jede Woche eine Infusion. Damit wären dann die restlichen vier Chemo-Blöcke überstanden. (Ein Block erstreckt sich immer über drei Wochen). Das Mittel nennt sich Paclitaxel und wird aus den Nadeln der Eibe gewonnen. Die Eibe ist eine hochgiftige Pflanze. An ihr ist alles giftig. Als Mutter von drei Kindern mit einer ebensolchen im Garten weiß ich das. Immer und immer wieder habe ich meinen Kindern eingebläut, die Finger ja von dieser Pflanze zu lassen. Wollte diese zeitweise gar nicht mehr im Garten stehen haben. Und nun soll ich mir ein Substrat von genau dieser Pflanze spritzen lassen. Was für ein Widerspruch!

Frau Dr. Malin erklärt mir, dass es bei der Gabe von Paclitaxel vorübergehend zu Nervenschmerzen und Taubheitsgefühlen in Händen und Füßen kommen kann. Es ist wie immer: Nebenwirkungen ohne Ende. Allerdings hat mir Professor Strumberg hoch und heilig versprochen, dass diese nicht mehr so schlimm sein werden wie bei den ersten vier Blöcken. Ich will, dass er recht behält.

Es ist 8:30 Uhr am Morgen. Diesmal sitze ich im neu und schön gestalteten Raum in der Ambulanz des Marien Hospitals in Herne und liege nicht mehr auf Station. Studenten haben ihn im Zuge einer Projektarbeit bemalt. Die Wände sind cremig weiß, unterbrochen von schwungvollen grünen Bögen. Auch das zuvor so unglaublich hässliche braune Schrankwandmonster hat einen hellen Anstrich verpasst bekommen. An den Fenstern hängen farblich abgestimmte Lamellen. Na also, es geht doch. Erstaunlich, was so ein bisschen Farbe ausmachen kann. Ich fühle mich gleich viel wohler. Schade allerdings, dass die Studenten nur diesen einen Raum geschafft haben. Hier wäre noch Gelegenheit für etliche Projektarbeiten.

Eine Schwester legt mir über meinen Port eine ordentliche Dosis Fenistil. Fenistil ist ein Antiallergikum. Das muss ich bekommen, damit durch die Chemomittel keine allergische Reaktion ausgelöst wird. Eine halbe Stunde später, noch bevor überhaupt die Chemo angehängt wird, bin ich müde, erschlagen und zu gar nichts mehr zu gebrauchen. Ich sacke auf meinem Stuhl zusammen und bin weg. Den Rest der Chemo verpenne ich.

Irgendwann merke ich, dass jemand sanft an meinem Arm ruckelt. Es ist die Schwester. Sie sagt meinen Namen. Immer wieder. Ich will jetzt nicht. Bin müde. Lass mich schlafen. „Frau Heintze, es ist alles durch", sagt sie. „Frau Heintze, können Sie aufstehen?" Kann ich aufstehen? Ich weiß es nicht. Bin so müde. Mühsam rappele ich mich auf, schwanke dabei wie ein Grashalm bei Sturm. Bevor ich auch nur einen Schritt machen kann, sitze ich auch schon wieder und werde im Rollstuhl zur stationären Aufnahme gekarrt. Ich bin vollkommen neben mir und will nur schlafen. Lasst mich alle in Ruhe. Ich will schlafen, schlafen, schlafen. Als ich das nächste Mal wach werde, liege ich im Bett und höre eine freundliche Stimme, die offensichtlich zu mir spricht: „Frau Heintze, geht es Ihnen gut?" Ich öffne langsam die Augen und sehe einen freundlichen Mann mittleren Alters in einem weißen Kasack neben meinem Bett stehen, der mich anlächelt. Wo bin ich hier eigentlich? Es braucht einen Moment, bis ich das Stationszimmer erkenne. „Na endlich“, freut sich der Pfleger, als er sieht, dass ich zu mir komme, „wir dachten schon, Sie wollten die nächsten 24 Stunden durchschlafen. Sie haben sich fast sechs Stunden lang nicht einmal gerührt.“

Mit einem Ruck setze ich mich auf. Was? Wie kann das sein? „Nun mal ganz ruhig.“ Er hilft mir, die Rückenlehne meines Bettes hochzustellen. Anschließend klappt er mit einer Hand gekonnt das Tischchen des Nachttischschränkchens auf, während er mit der anderen Hand irgendwo aus dem Nichts ein Tablett herbeizaubert.

„Jetzt essen Sie erst mal Ihr Abendbrot und später kommt Frau Dr. Malin zu Ihnen.“ Ich nicke. Versuche aber sogleich aufzustehen. Ich muss ganz dringend zum Klo. Doch meine Beine wollen nicht wie ich. Der Pfleger hilft mir, begleitet mich zur Toilette und wartet, bis ich fertig bin, damit ich heil wieder im Bett ankomme. Dort blickt mich mein Abendessen an und ich spüre plötzlich Hunger. Das Leben kehrt zurück. Mein Körper will neue Energie.

Kurze Zeit später kommen Frau Dr. Malin und Frau Dr. Marsell*. „Es war das Fenistil, also das Antiallergikum, das Sie so umgehauen hat“, erklären sie mir. Dass Patienten von dem Zeug müde werden, kommt wohl häufiger vor, meine Reaktion jedoch sei schon recht heftig gewesen. „Sie waren ja gar nicht mehr ansprechbar!“ Na danke! „Wird das jetzt jede Woche so sein?“, frage ich leise. „Wie

*Name von der Redaktion verändert

soll ich denn so nach Hause kommen? Das kann ich meinen Kindern unmöglich zumuten."

„Das Fenistil können wir nicht absetzen", meint Frau Dr. Malin, „vermutlich wird es deshalb in den nächsten Wochen tatsächlich so sein. Was ich Ihnen aber anbieten kann, ist, dass wir die nächste Chemo erneut stationär durchführen, um zu schauen, wie es sich entwickelt." Ich nicke heftig. So will ich nicht nach Hause kommen. Meine Kinder würden durchdrehen, wenn ich über Stunden nicht ansprechbar wäre. „Sie könnten Ihre Kinder an diesen Tagen doch vielleicht auch woanders unterbringen", macht Frau Dr. Malin einen Versuch. Na ja, so einfach ist das nicht. Wir müssen gerade eh schon jede Hilfe in Anspruch nehmen, die sich bietet. Und drei Kinder jede Woche mal eben woanders hin zu verteilen, ist eine Mordsorganisation. Die müssen doch in die Schule. Bis zu den Sommerferien sind es noch fünf Wochen. Und Ferien machen es nicht wirklich besser. Dann würden die drei den ganzen Tag über mitbekommen, wie es mir eigentlich geht. Da ist es allemal einfacher, mich wegzuorganisieren. Ich bin deprimiert. Nichts läuft nach Plan. Alles blöd. Warum funktioniert bei mir nichts normal?

Und es wird noch schlimmer. Zwei Tage später, inzwischen bin ich wieder zu Hause, bekomme ich höllische Schmerzen im gesamten Rücken und Unterbauch. Es fühlt sich an, als ob jemand mit kleinen Messern immer wieder in meinen Rücken und meinen Bauch stechen würde. Rauf und runter. Stich, Stich, Stich, Stich. Am Tag versuche ich mich so gut wie möglich mit Haushaltskram oder den Kindern abzulenken. Die Nächte sind eine Katastrophe. Es ist, als würde der Schmerz genau dann erwachen und zu Hochform auflaufen, wenn ich mich ins Bett lege. Ich rolle mich von einer Seite auf die andere und denke und fühle nur noch Schmerz. Schmerz, Schmerz, Schmerz. Das ist nicht zum Aushalten. Nach zwei komplett durchgewühlten Nächten rufe ich Frau Dr. Malin an und erkundige mich verzweifelt, was ich machen soll. Sie nennt mir ein Schmerzmittel, das mir mein Hausarzt sofort verschreibt. Doch auch damit sind die Schmerzen nicht weg. Zwar ein kleines bisschen weniger stark, aber immer noch sehr spürbar da. Ich kann nicht mehr. Ich bete und bettele Gott um Hilfe an. In der dritten Nacht mit Schmerzen schlafe ich irgendwann vor Erschöpfung ein paar Stunden lang ein. Wenigstens etwas.

JULI

Bitte, betet für mich!

Uniklinik Köln, BRCA –

Panikattacke und Luxus-Chemo

Dieser Weg wird kein leichter sein

„Ich werde daher diese Operation

nicht befürworten"

Gott hat einen Plan

Chemo-Alltag

Messen im Treppenlaufen

Gespräch mit Dr. Abdallah

Bitte, betet für mich!

Ich muss schon wieder ins Marien Hospital zur zweiten Gabe meines fünften Chemo-Blocks. Ich bin ehrlich verzweifelt, habe solche Angst vor diesen Schmerzen. Zaghaft frage ich Frau Dr. Malin während der Visite, ob es denn nicht irgendetwas gibt, das besser wirkt. „Nein", lautet ihre niederschmetternde Antwort, „leider nicht. Es gibt nur diese Schmerztabletten. Sie müssen sich daran gewöhnen, diese Tabletten über die nächsten elf Wochen einzunehmen." Traurig sehe ich sie an. Es gelingt mir nur mit Mühe, die Tränen nicht laufen zu lassen. Elf Wochen! Wie soll ich das schaffen? Die Schmerzen sind doch auch mit den Tabletten nicht weg und mein Körper baut weiter ab. Es kann eigentlich nur schlimmer werden. „Nein, nein, Frau Heintze, das muss nicht so sein. Vielleicht verschwinden die Schmerzen auch einfach wieder. Das kann durchaus passieren." Ja klar, und morgen ist Weihnachten!

Christiane ist wieder auf demselben Zimmer wie ich. Was für eine Freude in all dem Elend. Wir hatten schon mal eine Chemo zusammen und Conny, die gute Fee von Station 7, hat uns tatsächlich wieder auf ein Zimmer legen können. Ich bin so froh, Christianes Gesicht zu sehen. Sie und ich wissen ohne große Worte, was die andere sagen möchte. Christiane bekommt auch Chemo. Chemo gegen den M. Hodgkin, den Tumor, den ich als Kind hatte. Wäre nicht so viel Schmerz und Leiden damit verknüpft, wäre das fast eine lustige Begebenheit. Wir lachen trotzdem.

Es kommt von Herzen, ist nicht aufgesetzt, soll keine vorgetäuschte gute Laune verbreiten, denn Christiane kann verstehen, wie hoffnungslos ich mich fühle.

Am Abend kriecht die ganze Verzweiflung wieder in mir hoch. Morgen gibt es die nächste Chemo und die Schmerzen werden bestimmt noch stärker. Ich halte die Tränen nicht länger zurück. Selbst dafür fehlen mir Kraft und Mut. Ich versuche mit Gott zu reden, aber bleibe sprachlos. Da sind keine Sätze mehr in meinem Kopf, nicht mal ganze Wörter. Dann fällt mir amen.de ein. Amen.de ist eine Internetseite, auf der Menschen anonym Gebete oder Gebetsanliegen einstellen können. So beten fremde Menschen für dieses Anliegen. Die Beter können Ermutigungen abgeben oder einfach nur durch einen Klick zeigen, dass sie für ein Anliegen beten. Diese Seite gibt es erst seit einigen Monaten und ich habe schon ein paarmal begeistert darin gelesen. Warum also nicht? Bevor ich es mir noch anders überlegen könnte, schnappe ich mein Smartphone und schreibe: *Seit 3 Monaten bekomme ich Chemotherapie. Hab ich bis jetzt irgendwie geschafft. Doch nun bekomme ich wöchentlich ein Medikament, das Schmerzen am ganzen Körper verursacht, die wie Messerstiche sind. Und das muss ich noch 11 Wochen durchhalten. Ich weiß nicht, wie ich das durchhalten/aushalten kann. Bitte, bitte, betet für mich!*

Ich drücke auf „Senden“. Bloß schnell weg damit. Mit dem Handy in der Hand lehne ich mich zurück, spüre, wie sich ein Teil Anspannung löst. Die schwarze Wolkenwand in meinem Kopf bekommt Löcher, ich kann wieder atmen. Draußen ziehen lilafarbene Wolken vorbei und kündigen den Sonnenuntergang an. Ich lasse mich von dem lilafarbenen Licht einhüllen und kuschele mich in meine Decke. Gott beschützt mich. Mit diesem Gedanken schlafe ich irgendwann ein.

Am nächsten Morgen landet mein erster Blick auf meinem Handy. Wow, sieben Menschen beten für mich. Und das in nur einer Nacht! Das ist toll. Wildfremde Menschen, die meine Zeilen gelesen haben und nun für mich beten. Das ist göttlich. Frieden, denke ich, so ist Frieden.

Ich lese die Antworten der ersten zwei Beter:

Liebe Simone, möge Jesus seine liebevollen Hände auf die Schmerzen legen, die dich quälen und dir Heilung schenken! „Denn worin ER selber gelitten hat und versucht ist, kann ER denen helfen, die versucht werden.“ Hebräer 1,2

Nahum 1,7 „Der Herr ist gütig. In schweren Zeiten ist er eine feste Zuflucht, und er kennt alle, die bei ihm Schutz suchen.“ Liebe Simone, vertrau auch weiterhin auf Gott und er wird dich durch diese schwere Zeit tragen. Mit Ihm schaffst du das.

Ich bin zutiefst berührt. Mein himmlischer Vater hat mich nicht vergessen. Er hat alles gesehen, meine Verzweiflung, meinen Schmerz, meine Trauer und meine Wut. Und er war da.

Es klopft an der Tür: Visite. Gleich vier Ärzte belagern unser Zimmer. Zuerst wenden sie sich meiner Zimmernachbarin Christiane zu. Dann kommt ein gut gelaunter Professor Strumberg auf mich zu: „Guten Morgen, Frau Heintze, na, wie geht es Ihnen?“ Eigentlich würde jetzt unser üblicher Schlagabtausch folgen. Ich würde etwas antworten wie: Ich kann mir nichts Schöneres vorstellen, als hier zu sein, allerdings könnte mal jemand die Minibar auffrischen, ich habe doch schließlich mit Vollverpflegung gebucht. Doch heute ist mir nicht nach witzig. Heute Morgen sehe ich ihn nur stumm an und überlege, ob wohl Frau Dr. Malin schon mit ihm gesprochen hat. In seinem Gesicht kann ich es nicht lesen. Lächelnd steht er da, umrahmt von seinen Kollegen. Warum so viele? Ich will nicht so viele Ärzte in meinem Zimmer. Das macht mir Angst. Lässt mich noch kränker erscheinen. Das macht mich wütend. Alles macht mich wütend. Die haben doch alle keine Ahnung. Warum sehen die denn nicht, wie beschissen es mir geht? Da fragt man doch nicht mit so einem blöden Lächeln im Gesicht, so als ob wir uns an einem sonnigen Nachmittag zufällig in der Eisdiele begegnen würden. Ohne weiter nachzudenken über das, was ich jetzt tue, strecke ich meinen Finger aus, zeige damit auf Professor Strumberg und schimpfe los: „Sie haben zu mir gesagt, ich hätte das Schlimmste überstanden! Sie haben mir versprochen, dass es so sein würde. Und nun habe ich seit einer Woche dauerhaft Schmerzen über den ganzen Rücken und Bauch. Sie sind immer da, die ganze Zeit, wie Messerstiche. Ich schlafe nicht mehr, ich kann nichts anderes mehr denken. Und Frau Dr. Malin meint, da könne man nichts machen. Außer diesen Schmerztabletten. Aber auch davon verschwinden die Schmerzen nicht. Ich hab noch elf Wochen Chemo vor mir und nun sagen Sie mir, wie ich die aushalten soll." Ich bin fertig. Erschöpft sacke ich in mich zusammen. Das musste raus.

Ein betroffener Professor Strumberg blickt mich an. Dann geht der Blick zu seinen Kollegen, dann wieder zu mir. „Sie müssen das nicht aushalten", sagt er schließlich. „Wir werden die Tabletten umstellen. Dann verschwinden die Schmerzen." Ich bin baff! Wie jetzt, es gibt doch etwas anderes gegen diese Schmerzen?

Der anschließenden Ärztediskussion darüber, welches Medikament denn nun stattdessen für mich infrage käme, lausche ich nur mit halbem Ohr. Vor nicht mal sieben Stunden habe ich mein Gebetsanliegen online gestellt und nun soll ich schon erhört worden sein? Das wäre ja zu schön, um wahr zu sein. Die Ärzte kommen nach kurzer Beratung zum Schluss, dass ich zusätzlich höher dosiertes Cortison bekommen soll. Damit würden die Schmerzen abklingen.

Fassungslos starre ich ihnen hinterher, als sie das Zimmer verlassen. Ich bin umgehauen. Danke, Gott! Danke, mein himmlischer Vater, danke amen.de. Ich vertraue diesen Ärzten, alles wird gut. Keine Schmerzen mehr.

Die Hoffnung auf keine Schmerzen trägt mich durch die nächste Chemo. Das Gefühl, von diesen Ärzten ernst genommen zu werden, auch.

Und tatsächlich. Zwei Tage nach der Chemo spüre ich die Schmerzen nur ganz leicht. Es ist kein Vergleich zum letzten Mal. Ich bin begeistert. Gleichzeitig gehen mir die vielen anderen Patienten durch den Kopf, die sich mit den gleichen Ängsten und Nöten herumschlagen wie ich. Wie kann ich die erreichen? Wie kann ich ihnen sagen, wie gut es tut, all diesen Mist in einem Gebet loszuwerden?

Uniklinik Köln, BRCA – Panikattacke und Luxus-Chemo

Wieder zu Hause graust es mir vor der ambulanten Therapie. Schon beim letzten Mal war Frau Dr. Malin der Meinung, diese Chemo müsse wieder ambulant laufen. Nur wegen meiner Schmerzen habe ich noch Galgenfrist bekommen und darf noch einmal stationär antreten. Mir ist es schon ein Rätsel, wie ich nach der Therapie den Heimweg schaffen soll. Ich kann danach keinen Schritt geradeaus gehen. „Sie können vier Stunden auf der Liege in der Ambulanz schlafen und dann heimfahren", lautet die schlichte Antwort von Frau Dr. Malin, „dann wird es bestimmt gehen." Und wenn nicht? Wenn es so ist wie beim letzten Mal? Was mache ich dann mit meinen Kindern? Die kommen um vor Angst. Jedes Mal auch diese Ungewissheit, stationär oder ambulant behandelt zu werden, das macht mich schier wahnsinnig. „Wie wäre es, wenn Sie Ihre Kinder für diese Zeit woanders unterbringen?“, fragt meine Ärztin. Oh ja, nichts leichter als das. Da gibt es tausend Möglichkeiten und die Kinder machen das zweifelsfrei auch ohne Probleme mit. Nein, das ist nicht die Lösung. Das kostet ebenfalls Kraft und die habe ich nicht mehr. Dazu das schlechte Gewissen, meinen Kindern auch noch ihren Rest Normalität und geregelten Alltag zu nehmen. Was aber soll ich tun? Frau Dr. Malin scheint meine Probleme einfach nicht zu verstehen. Das macht mich ganz fertig. Ich brauche Sicherheit, will einen Plan für die nächsten Wochen.

Nach langem Überlegen beschließe ich mit Professor Strumberg zu sprechen. Wenn mich jemand mit dieser Ungewissheit versteht, dann vielleicht er? Ein Versuch ist es wert. Ich raffe meinen ganzen Mut zusammen und rufe seine Sekretärin an, bitte sie um einen Termin, nächste Woche am Nachmittag, vor meiner Chemo. Meine Hoffnung wird jedoch unmittelbar zunichte gemacht, als die Sekretärin mir klar zu verstehen gibt, dass es keine Extra-Termine gibt. Da könnte ja jeder kommen. Warum ich den Professor denn nicht bei der Visite angesprochen hätte? Kleinlaut gebe ich zu, dass dafür keine Zeit war, weil es doch schon um meine Schmerzen ging. Und dass ich mich auch nicht getraut habe, weil so viele Ärzte dabei waren. „Und deshalb wollen Sie jetzt einen Extra-Termin?“, fragt sie mich forsch. Ich fühle mich so entmutigt, dass ich nahe dran bin, einfach aufzulegen. Aber der letzte Rest Rebellion in mir weiß auch, wenn ich jetzt aufgebe, sitze ich nächste Woche in der Ambulanz und kann zusehen, wie ich mich nach der Chemo nach Hause geschleppt bekomme. Es gibt so viele Menschen, die krank sind. Bin ich egoistisch, weil ich mir eine stationäre Chemo wünsche? Ich kann ein Schluchzen nicht länger zurückhalten. Zu viel Wut, zu viel Verzweiflung bahnen sich ihren Weg. Da lenkt die Sekretärin ein, fragt nach, warum ich denn den Professor sprechen möchte. Stockend beginne ich zu erzählen, von der Chemo, von meinen Kindern und wie schwer ich mich damit tue, sie ständig wegzuschicken. Sie in diesem Chaos aus ihrem Zuhause zu vertreiben, damit ich meine Ruhe haben kann. Sie verspricht mir, mit Professor Strumberg zu sprechen und sich dann wieder zu melden. Mit einem mulmigen Gefühl im Bauch bedanke ich mich und lege auf. Was mache ich, wenn er nicht mit mir sprechen will, wenn er mein Anliegen ungehörig oder unnötig findet? Die Angst breitet sich in mir aus. Ich spüre, wie sich eine Panikattacke zusammenbraut. Vor meinen Augen dreht sich alles. Der Tunnelblick setzt ein. Erst mal setzen, ganz ruhig, langsam durchatmen, an was Schönes denken. Es geht nicht. Ich spüre, wie der Angststrudel mich immer tiefer mit sich reißt. Ich werde sterben, ich werde sterben, ich werde sterben. Das Atmen wird schwer. Der Druck im Kopf steigt, mein Nacken versteift sich. Ich rufe meinen Mann an, doch als ich seine

Stimme höre, kommt nur Buchstabenchaos aus meinem Mund. Nein, bitte nicht. Ich lege wieder auf. Mein Herz rast wie blöd, mir wird schwindelig. Panisch renne ich zum Medizinschrank und krame Tavor hervor. Tavor ist ein starkes Beruhigungsmittel. Am Anfang meiner Chemo habe ich es für Notfälle bekommen. Damals habe ich die Tablette schweigend an mich genommen und gedacht, die werde ich niemals nehmen. Doch nun nehme ich mit zitternden Händen die Tablette aus dem Töpfchen und schlucke sie, ohne weiter nachzudenken. Innerhalb von Minuten lässt der Spuk nach. Mein Herz beruhigt sich, der Blick wird wieder klar. Dafür überfällt mich eine bleierne Müdigkeit. Ich muss mich augenblicklich hinlegen. Dicke Tränen rollen über meine Wangen. Alles bricht über mir zusammen. Oh lieber Gott, wie soll ich die nächsten Wochen überstehen? Sag du es mir doch! Einige Stunden später ruft die Sekretärin zurück und teilt mir höflich mit, dass ich einen Termin habe, nächste Woche Mittwoch vor meiner Chemo. Ich bedanke mich knapp, spüre aber keine Erleichterung. In mir nagt die Angst.

*

Es ist Mittwoch. Heute Nachmittag nun ist dieser Termin und ich bin schrecklich aufgeregt. Was, wenn Professor Strumberg der gleichen Meinung ist wie Frau Dr. Malin? Wie komme ich überhaupt dazu, zu glauben, er könnte es anders sehen? Was mache ich, wenn er mir die Kosten für eine stationäre Behandlung vorrechnet? Ich habe ein tonnenschweres schlechtes Gewissen, als ich sein Zimmer betrete. Mein Herz hämmert wie verrückt. Merkt er das? Das muss man doch bis draußen hören? Er kommt auf mich zu, bietet mir einen Platz an und als ich mich setze, nimmt er direkt neben mir Platz. Diesmal steht kein Riesenschreibtisch zwischen uns. Das ist gut. Das dämpft meine Nervosität etwas. Professor Strumberg hat mich bis jetzt ziemlich erfolgreich durch diese Chemo geboxt. Er wird mich jetzt schon nicht im Stich lassen. Oder? Mit ruhiger Stimme fragt er mich, wie es mir gehe. „Kommen Sie mit der Behandlung zurecht?“ Ich schlucke. Jetzt muss er kommen, mein Einsatz. „Ja, doch“, antworte ich, „das läuft schon.“ Ich schlucke erneut. „Aber eben nicht so gut, wie ich dachte. Das Fenistil macht mir ziemlich zu schaffen. Danach bin ich vier bis fünf Stunden vollkommen out of order. Ich schlafe, schlafe und schlafe und kann kaum einen Schritt geradeaus gehen. Ich hab Angst, so nach Hause zu fahren und mich so meinen Kindern zu präsentieren. Es erschreckt sie. Sobald sie aus der Schule kommen, führt sie der erste Weg zu mir ans Bett, nachschauen, wie es mir geht.“ „Ja, das kenne ich“, unterbricht der Professor mich, „die Kinder kommen ins Bett gekrabbelt und dann müssen Sie vorlesen.“ Ich muss schmunzeln. Aus dem Alter sind meine mittlerweile raus. Aber sie sind verunsichert, wenn sie mich da so apathisch liegen sehen. Sie möchten mir von ihrem Schulalltag erzählen, ihre kleinen und großen Probleme gelöst bekommen. Aber ich bin zu erschöpft, um überhaupt zuzuhören. „Ich packe das alles nicht!“, höre ich mich sagen. „Die ersten drei Tage nach der Chemo geht bei mir fast nichts. Das heißt, dass ich danach richtig Gas geben muss, um alles, was liegen geblieben ist, fertig zu bekommen. Das gelingt mir dann geradeso, bis ich erneut zur Chemo antreten darf. Ich komme hier an, gönne mir Zytostatika und Fenistil und mache mich nach drei Stunden auf den Heimweg, wo alles nahtlos weiter läuft.“ „So geht es nicht“, Professor Strumberg schüttelt mit dem Kopf, „eine Chemo ist kein Friseurbesuch. Frau Heintze, Sie müssen jetzt an sich denken, erst mal an sich, dann an alle anderen.“ Ach ja? Und wie? „Genau deshalb bin ich hier“, kontere ich, „wenn Sie es so wollen, denke ich nun an mich und bitte darum, die nächsten zehn Chemotherapien stationär erhalten zu dürfen. Diese ständige Ungewissheit, ob nun die Therapie stationär oder ambulant stattfinden soll, halte ich nicht mehr aus.“ So, jetzt ist es raus. Ich wage es, dem Professor direkt ins Gesicht zu schauen – und sehe ein Nicken. „Das machen wir so“, bestätigt er mir. „Keine Diskussion! Sie kommen einen Tag vor der Gabe hier in die Klinik, wir untersuchen Sie und Sie werden sich an diesem Tag nur ausruhen. Bleiben Sie im Bett und lesen ein Buch, gehen Sie spazieren oder schauen Sie fern. Wenn Sie uns wieder aus den Latschen kippen, können wir die Therapie und die OP verschieben und das wäre gar nicht gut!“ Ein

Machtwort in meinem Sinne. Ein ärztlich verordneter Ruhetag. Ich könnte ihm glatt um den Hals fallen. Ich könnte heulen vor Dankbarkeit. Danke, danke, danke!

Zögerlich ziehe ich nun eine Postkarte aus meiner Tasche. „Ich habe hier Flyer für eine Internetseite. Sie heißt www.amen.de. Auf dieser Seite kann jeder anonym Gebete einstellen, für die dann andere Menschen beten. Ich habe es selbst ausprobiert und ich glaube, das würde hier vielen Patienten guttun. Darf ich die Karten im Warteraum auslegen?" Er nimmt mir eine Karte aus der Hand und schaut sie sich an. „Machen Sie ruhig", antwortet er mir, „Sie wollen ja nichts verkaufen." Und im Nachsatz: „Sie sind sehr gläubig, nicht?" „Ja", antworte ich, „das trägt mich durch diese Therapie." Neben solchen Ärzten wie Sie, denke ich, traue mich aber nicht, es zu sagen.

Glücklich mache ich mich auf den Weg zur Anmeldung auf Station sieben. Conny empfängt mich lächelnd. Sie hat mir ein Zimmer auf der Schattenseite reserviert, damit ich morgen nach der Chemo nicht die große Hitze im Zimmer habe. Ab jetzt werde ich eine Luxus-Chemotherapie erhalten.

Dieser Weg wird kein leichter sein

Habe ich gestern etwa von Luxus-Chemo geprahlt? Heute ist Chemo und ich hänge so was von in den Seilen. Alles tut weh, der Kopf brummt und diese schwere Müdigkeit lässt mich nicht los. Die 29 Grad im Schatten machen es nicht besser. Ein Glück, dass ich eine liebe, ältere Frau mit auf dem Zimmer habe. Sie tröstet mich, obwohl es ihr selber nicht gut geht. Sie hat Schwierigkeiten mit dem Herzen, benötigt immer wieder Sauerstoff. Dennoch nimmt sie mich in den Arm und versichert mir, dass ich das schaffen werde. „Ich habe allergrößten Respekt vor Ihnen", erklärt sie mir, „so viele Therapien und dabei sind Sie noch so jung. Das ist beinahe unmenschlich. Dabei sehen Sie noch so gut und glücklich aus." Na, ich weiß nicht, wo sie da heute hinschaut. Ich habe keine Haare auf dem Kopf, meine Augenbrauen und Wimpern verabschieden sich gerade ebenfalls und meine Hautfarbe kann Schneewittchen Konkurrenz machen. Meine gute Laune hat sich auch verabschiedet. Trotzdem tun diese Worte gut, denn ich merke, sie kommen von Herzen. Als sie mir beim Abendessen noch ihre Tomaten anbietet, weil ich keine bekommen habe, glaube ich fast, Gott hat mir mal wieder einen Engel geschickt. Ich muss an das Lied von Xavier Naidoo denken, Dieser Weg: *Manche segnen dich, setz dein Segel nicht, wenn der Wind das Meer aufbraust. Dieser Weg wird kein leichter sein, dieser Weg wird steinig und schwer. Nicht mit vielen wirst du dir einig sein, doch dieses Leben bietet so viel mehr.*

Dieser Weg ist steinig und schwer. Aber wenn ich die Blumen am Wegesrand betrachte, wie heute die liebe Zimmernachbarin, dann wird er ein bisschen weniger grau. Ich staune über mein Segel, das sich immer wieder dem

Wind entgegenstreckt. Egal wie sehr der Sturm bläst, wie es durchgerüttelt wird und sogar ein paar Löcher bekommt, es hält und sorgt dafür, dass mein Schiff den Hafen erreichen kann. Noch sind meine Segel gesetzt.

Später mache ich einen Besuch beim YouGo. Mich unter all die Jugendlichen zu mischen, tut mir gut. Es füttert meinen Kopf mit anderen Themen als Krankheit.

„Ich werde daher diese Operation nicht befürworten“

Mein Mann und ich fahren zur Uniklinik nach Köln. Mir passt dieser Termin überhaupt gar nicht. Ich will nicht schon wieder über meine Krankheit erzählen müssen. Wegen dieses Termins muss tatsächlich auch meine Chemo um einen Tag verschoben werden, weil die Uniklinik Köln keinen anderen Termin frei hat. Dem Navi sei Dank kommen wir pünktlich an. Hier gibt es so viele Kliniken, dass man tatsächlich die Orientierung verlieren kann. Wir müssen zur Frauenklinik. Warum müssen die großen Unikliniken immer so verwinkelte Gänge haben? Genau wie in Münster. Eine freundliche Dame an der Anmeldung weist uns schließlich den Weg zum Zentrum für familiären Brust- und Eierstockkrebs. Hier sitzen wir über zwei Stunden und warten und warten. Das ist anstrengend und nervenaufreibend, dass ich vor Wut alles zusammenschreien könnte. Und zum Lesen gibt es nur blöde Fachzeitschriften. Ich bin kein Arzt. Ich bin bloß

Patientin. Krebskrank und nicht mehr Willens, meine Lebenszeit mit Warten zu verplempern. Doch dann nehme ich mir doch ein Buch zur Hand. Ein ziemlich dicker und großer Wälzer: Überlebensbuch Brustkrebs von Ursula Goldmann-Posch und Rita Rosa Martin. Beides Frauen, die den Brustkrebs überstanden haben. Nun haben sie ein verständliches Fachbuch geschrieben für alle, die mehr wissen möchten, als Ärzte Zeit und Geduld haben, um es ihnen zu erklären.

Ich blättere durch die knapp 400 Seiten und finde auf Anhieb ein Kapitel, das mich anspricht: „Notizen für Ihr Gespräch mit dem Operateur“. In kurzen Sätzen wird auf das Wichtigste hingewiesen, zum Beispiel: Wer wird mich in Ihrer Klinik/Abteilung operieren und welcher Facharzt ist dafür verantwortlich, falls ich von einem Arzt operiert werde, der sich noch in der Weiterbildung befindet? Gute Fragen. Interessiert lese ich weiter. Das Buch muss ich haben! Schnell notiere ich mir den Titel.

Endlich werden wir aufgerufen. Eine wirklich sehr nette Ärztin entschuldigt sich für das lange Warten und klärt mich und meinen Mann über die Genanalyse auf. Zuerst fragt sie mich über meine Familie, meine Tanten aus, ob irgendwer schon einmal Brustkrebs hatte. „Ja, meine Tante mit siebzig Jahren, sonst niemand.“ Außerdem berichte ich ihr von meiner M. Hodgkin-Erkrankung mit dreizehn und sechzehn Jahren. Sie schreibt alles akribisch mit. Zum Schluss nimmt sie mir Blut ab und dann will sie uns entlassen. „Halt“, werfe ich ein, „wir möchten auch mit jemandem über meine geplante Operation, die Mastektomie sprechen.“ Sie schaut uns an. Nein, davon wüsste sie nichts. „Aber das wurde bei der Terminvereinbarung mit geplant, das ist ein Hauptgrund, weshalb ich hier bin“, antworte ich. „Gut, ich werde mich darum kümmern, eine Kollegin zu finden, die sich in dieser Sache auskennt“, erklärt sie und wir werden erneut ins Wartezimmer gesetzt. Diesmal schnappe ich mir gleich das dicke Buch und lese den Abschnitt zur Brustoperation.

Irgendwann kommt dann auch die zweite Ärztin. Etwas abgehetzt und auch leicht entnervt, aber sie nimmt uns mit in ein Besprechungszimmer. Ich erzähle also wieder: jetzt Mammakarzinom, früher M. Hodgkin, Langzeitstudie Professor Schellong, deshalb beidseitige Mastektomie. Die Ärztin ist an der Langzeitstudie von Professor Schellong beteiligt, schreibt sogar einen Bericht darüber. Na, was für ein Glück, denke ich, dann ist sie ja mit der Sache vertraut. Von wegen.

„Frau Heintze“, setzt sie an, „wenn Sie jetzt beide Brüste entfernen lassen, wo fangen wir da an und wo hören wir auf? Sie sind durch die Bestrahlung extrem vorbelastet, bei Ihnen kann jederzeit ein neuer Tumor an der Lunge, der Speiseröhre oder an der Schilddrüse entstehen. Die Wahrscheinlichkeit ist sogar ziemlich hoch, da Sie zweimal bestrahlt wurden. Wollen Sie das dann auch gleich alles prophylaktisch entfernen lassen?“

Bevor ich überhaupt etwas erwidern kann, setzt sie den K.O.-Schlag: „Ich werde daher diese Operation nicht befürworten."

Punkt. Das saß. Ich bin mitten in der Chemo und dieser Ärztin fällt nichts Besseres ein, als mir zu sagen, dass aufgrund meiner Vorerkrankung ohnehin Hopfen und Malz verloren ist. Soll ich heute noch von der Brücke springen oder erst morgen? Tränen schießen mir in die Augen. Was soll ich dazu sagen? Heulend sitze ich vor dieser Ärztin und fange auch noch an, mich bei ihr zu entschuldigen. Aber das Kind ist eh schon im Brunnen ertrunken. Sie hat an dieser Studie mitgearbeitet. Sie kennt sich aus mit Tumoren und sagt das nicht ohne Grund. Es reicht. Ich will gehen. Und das mache ich auch. Hier gibt es nichts mehr zu bereden.

Ich bin so froh, dass mein Mann dabei ist, obwohl er das Ausmaß der Situation noch gar nicht ganz erfasst. Wie soll er auch, er weiß ja nichts von der Langzeitstudie. Für ihn klang das darum einfach so daher geplappert. Aber ich weiß, dass es die Wahrheit ist. Nur die wollte ich nicht hören. Und schon gar nicht während der Chemo. Ich will doch wieder gesund werden. Leben!

Wir fahren nach Hause. Mein Mann versucht mich zu trösten, aber ich will lieber allein sein. Ich möchte alles meinem himmlischen Vater an den Kopf werfen. Ihn fragen, was das denn schon wieder soll? Außerdem muss ich nach Herne. Am nächsten Tag ist wieder Chemo.

Gott hat einen Plan

In Herne angekommen, werde ich wie immer freundlich aufgenommen, mein Zimmer wird mir zugewiesen. Es ist fast schon genauso wie nach Hause zu kommen. Meine Zimmernachbarin hört sich meinen ganzen Frust über den Termin in Köln an. Danach gehe ich spazieren. Blauer

Es war, als würden Huhn und Hahn mir versichern: Alles wird gut!

Himmel, grüne Wiesen und Hühnergegacker holen mich wieder runter. Diese Hühner liebe ich, sie leben einfach so in den Tag hinein, hier mal ein Wurm, da mal ein Grashalm und dann dieses beruhigende Gegacker dabei. Ich stehe einfach nur da und sauge die Ruhe und Normalität in mich auf. Und dann ist es plötzlich ganz klar: Diese Ärztin kann erzählen, was sie will, Gott ist eh viel größer. Wenn er mich vor neuen Erkrankungen bewahren möchte, dann wird er das auch. Wenn nicht, dann eben nicht. Gott hat einen Plan! Aber dass sie die Operation nicht befürwortet, ist nicht gut. Das wird Ärger mit der Krankenkasse geben. Ich habe mich in den letzten Monaten so viele Stunden mit dieser OP beschäftigt und ein klares Ja dazu gefunden. Und nun das.

In meiner Not rufe ich Professor Schellong an und erzähle ihm alles. Er ist fassungslos. Fassungslos ob der Aussage, dass ich neue Tumore bekommen könnte, und fassungslos, weil die Ärztin die Operation ablehnt. Das könne er nicht verstehen, da sie an der Studie doch mitarbeite und wisse, wie hoch die Wahrscheinlichkeit eines Zweittumores beim Mammakarzinom wäre. Er verspricht mir, sich mit seiner Kollegin in Verbindung zu setzen, um die Sache zu klären. Schließlich rufen noch meine Brüder Markus und Daniel an und ich kann auch bei ihnen meinen ganzen Müll abladen. Müde falle ich in mein Krankenhausbett. Am nächsten Morgen bekomme ich direkt die Chemo und schlafe mich durch den Tag. Am Nachmittag

Meine Brüder Markus und Daniel mit mir.
Ein festes Band.

geht es mir ein bisschen besser. Ich kann mich mit meiner Zimmernachbarin unterhalten. Sie kennt auch Panikattacken – und wir tauschen Leidensgeschichten aus.

Später kommt Frau Dr. Malin. Ich drücke ihr den Kurzbericht der Uniklinik Köln in die Hand und erzähle, was da gestern gelaufen ist. Sie nimmt ihn gelassen auf. Frau Dr. Malin hat eine unendlich große Geduld, wenn es darum geht, mir medizinische Zusammenhänge oder Details einer Therapie zu erklären. Dafür nimmt sie sich alle Zeit der Welt. Was sie nicht kann, ist ein: „Nun machen Sie sich mal keine Sorgen, wir kümmern uns darum" oder irgendetwas anderes Beruhigendes, was meine Seele jetzt gerade hören möchte. Irgendetwas, das mir zeigt, da ist gerade jemand emotional an meiner Seite. Auf medizinischer Ebene, da bin ich mir sicher, hat sie bereits einen Plan für mich. Und das ist auch beruhigend.

*

Am Samstag darf ich wieder nach Hause. Am Samstagnachmittag bekomme ich Herzrhythmusstörungen. Die sind so schlimm, dass ich nachts nicht schlafen kann. Das macht mir Angst.

Während der Chemotherapie. Das Bild wurde von meiner Tochter Sarah aufgenommen.

Nach zwei Tagen ist alles vorbei. War das nun die Chemo oder die Aufregung wegen des blöden Termins in der Uniklinik?

Professor Schellong ruft mich zurück. Entschuldigt sich für dieses große Missverständnis an der Uniklinik in Köln. Und er fragt mich, wie es mir so gehe. Ich erzähle von den Herzrhythmusstörungen. In väterlichem Ton erklärt er, dass diese während einer Chemo schon auftreten können, sich aber auch wieder legen. Das Wichtigste aber: Er hat gute Nachrichten. Besagte Ärztin hat nun ihre Meinung geändert und befürwortet die beidseitige Mastektomie. Trotzdem spüre ich keine echte Erleichterung. Zu viel ist gesagt worden, das nun in meinem Kopf herumspukt. Aber es tut unendlich gut, dass er sich so für mich eingesetzt hat. Obwohl wir uns noch nie persönlich begegnet sind, hat er das alles für mich gemacht. Dafür bin ich ihm dankbar. Das ist ein Arzt mit großem Herz.

Chemo-Alltag

Der Alltag während einer Chemo ist nicht einfach. Im Grunde bleibt so ziemlich alles andere auf der Strecke. Während ich mich durch die Therapie quäle, ringt mein Mann um das Überleben der Firma. Der Absprung eines Großkunden hat zu ernsthaften Schwierigkeiten geführt, die nicht in ein bis zwei Tagen gelöst sind. Um neue Kunden zu locken, müssen unendlich viele Gespräche geführt werden. Das ist anstrengend und ein permanentes Auf und Ab zwischen Hoffnung, Euphorie und Enttäuschung. Und mittendrin ich mit meiner Krankheit, entweder in der Klinik oder zu Hause, aber zu müde, um mir irgendetwas aus der Firma erzählen zu lassen. Wir haben beide den Kopf voll und jeder kämpft an seiner eigenen Front. Wir überleben irgendwie und versuchen, es einander nicht übel zu nehmen, wenn einer für den anderen so wenig da sein kann. Es ist eine schwierige Zeit. Ich brauche Menschen, mit denen ich reden kann. Menschen, die mich aufbauen, anspornen. Ich suche mir diese Menschen in Freunden oder Ärzten. Oder ich gehe spazieren. Wenn ich laufe, schweifen meine Gedanken. Solange ich in Bewegung bleibe, bleiben auch sie beweglich, haken sich nirgendwo fest. Ich träume von meiner Zukunft, in der ich keine Chemo habe. Ich träume davon zu reisen, das Leben zu genießen.

Deshalb genieße ich diese drei Tage Auszeit in Herne so sehr. Hier falle ich niemandem zur Last, hier muss meinetwegen nicht für Ruhe gesorgt werden. Hier zähle einfach nur ich. Nichts hören, nichts sehen, weder von der Familie noch von der Firma. Na ja, und die Chemo gibt's natürlich auch. Es ist unwahrscheinlich schön, schon an der Anmeldung mit Namen begrüßt zu werden. Gefragt zu werden, wie es mir gehe. Die gleiche Prozedur bei den aufnehmenden Ärzten. Die Ärztin, die mich bei meinem ersten Aufenthalt so liebevoll motivierte und mir versicherte, das wird wieder, sehe ich nun fast wöchentlich.

Raus aus der Klinik, rein ins Grüne.
Sonnenuntergang in Herne.

Sie ist immer fröhlich und gut gelaunt, das überträgt sich auf mich. Auf Station sieben werde ich mit einem lauten „Hallo“ begrüßt. Conny trägt mein Köfferchen zum Zimmer. Sie ist die gute Fee der Station, denn sie hat ein gutes Händchen dafür, die richtigen Patienten zusammenzulegen. Auf dem Zimmer angekommen, gehe ich immer zuerst ans Fenster und bewundere die Fernsicht über Herne. Jedes Mal bin ich beeindruckt und entdecke tatsächlich noch etwas Neues. Es ist wie mit den Wimmelbüchern, die ich als Kind hatte und die mir mit jedem Anschauen etwas mehr von ihrer Geschichte preisgegeben haben.

Sobald ich meine Sachen verstaut habe, sage ich Bescheid, dass ich nach draußen gehe. Ein paar Häuserblocks hinter der Klinik erstrecken sich Erdbeerfelder, Kornwiesen und ein Maisfeld. Ein freistehender Bauernhof, auf dem Hühner und Gänse frei herumspazieren, erinnern mich immer wieder an meine Wurzeln, an mein Zuhause in Baden-Württemberg. Gegenüber liegt eine Pferdekoppel. Mein Herz sprudelt über, wenn ich die Pferde beim Tollen beobachten kann.

Ich schlendere durch dieses herrliche Stück Natur und kann gar nicht fassen, dass es so nah an der Klinik liegt. Ein paar Schritte nur – und ich bin in einer komplett anderen Welt, weg von allem, was nach Krankheit, Krankenhaus und Klinikalltag riecht. In den zwölf Wochen, die ich hier entlanglaufe, sehe ich das Korn reifen, den Mais immer größer werden. Ich sehe die Wildgänse, die sich auf einer Wiese zum Abflug in den Süden sammeln. Dabei stelle ich mir vor, dass jede Gans den anderen von ihren Sommererlebnissen erzählen will. Alle wollen jetzt sofort loswerden, was ihnen widerfahren ist, darum auch ist es ein so heilloses Geschnatter.

Eine Kirchturmspitze zieht mich magisch an. Ob ich wohl in diese Kirche hinein kann? Ich gehe hin – und tatsächlich ist die Tür der Herz-Jesu-Kirche geöffnet. Still ziehe ich mich hierhin zurück, entzünde Kerzen für alle Menschen, die mir am Herzen liegen. Hier spüre ich meinen himmlischen Vater. Auf dem Rückweg zur Klinik komme ich an blühenden Rosen vorbei. Dieser Duft, dieser herrliche Duft, nach Sommer, nach Kindheit, nach Freisein. Einmal traue ich mich und nehme eine Rose für meine Zimmernachbarin mit. Was wäre, wenn ich jetzt nicht zur Chemo hier wäre? Hätte ich dann alles hier genauso wahrgenommen? Hätte ich diesen Spaziergang genauso genossen? Wohl kaum. Bis ich den Frühling gespürt hätte, wäre es Sommer gewesen. Und dazwischen hätten tausend Termine gelegen, die alle wichtiger gewesen wären.

Manchmal jedoch bin ich deprimiert und fertig. Dann hilft nur Musik. Ohrstöpsel rein, Musik aufdrehen und losmarschieren. Laufen im Takt der Musik. Das pustet meinen Kopf frei. Mein derzeitiges Lieblingslied ist „True love" von Pink. Ich höre es in Dauerschleife. Oft versuche ich Lieder, die ich mag, zu übersetzen. Bei diesem Lied habe ich das ganz lange nicht gemacht. Ich wollte nur hören, nicht nachdenken.

Irgendwann habe ich mir den Text doch vorgenommen: *„Warum bin ich eigentlich noch hier? Wohin könnte ich sonst gehen? Weißt du, du bist meine Liebe, aber ich hasse dich. Ich hasse dich so sehr, dass ich denke, das ist wahre Liebe."* Gut, der Text ist mit Sicherheit beziehungstechnisch gemeint. Doch für mich bringt er etwas ganz anderes auf den Punkt: Ich hasse die Chemo, ich hasse es, krank zu sein, aber den Aufenthalt hier liebe ich und ohne meine Krankheit hätte ich ihn nicht. Diese Gegensätze, die ich auch so sehr spüre. In diesem Lied werden

Meine Wiese vor dem Marien Hospital: Hier spazierte ich durch den Morgentau.

sie besungen. Wochenlang habe ich mir das angehört und unbewusst gespürt, dass es passt.

Jeden Morgen vor dem Frühstück laufe ich eine Runde im Klinikpark. Ein paarmal überkommt es mich und ich ziehe Schuhe und Strümpfe aus, um barfuß durchs taunasse Gras zu rennen. Dabei fühle ich mich so leicht. So losgelöst und doch geerdet. Wahrscheinlich halten mich alle, die jetzt aus dem Fenster schauen, für komplett übergeschnappt. Vielleicht sollte ich noch meinen Namen tanzen. Mir ist alles egal. Ich könnte hier ewig weiterlaufen. Unter mir das Gras, über mir der strahlend blaue Himmel.

Bäume, die sich im Wind bewegen und die hübsch bunt gestaltete Rückseite der Klinik. Die Chemo ist noch weit weg. Manchmal setze ich mich auch einfach nur auf eine Bank und beobachte das Kommen und Gehen der Menschen. Wie lange habe ich das nicht mehr gemacht?

Nach dem Frühstück ist Visite. Danach gehen die Vorbereitungen zur Chemo los. Anschließend habe ich die Möglichkeit, einen Termin bei der Psychoonkologin der Klinik wahrzunehmen. Diese Frau ist mir vom ersten Augenblick an sympathisch. Sie hat schulterlange Haare, trägt eine Brille und hat ein offenes, warmherziges Gesicht. Den Termin bei ihr nehme ich daher sehr gerne wahr. Bei einem dieser Termine schlägt sie mir eine Hypnose-Sitzung vor. Hypnose will ich nicht. Nichts, wo irgendwer was mit mir macht, was ich dann nicht mehr steuern kann. Die Psychologin kann mir diese Angst nehmen. Sie erklärt mir, wie Hypnose funktioniert und dass ich dabei niemals etwas tun muss, was ich nicht will. Hypnose ist kein komplettes Regie-Abgeben. Es ist eher so, dass der Therapeut den konstruktiven Rahmen liefert, damit der Klient sein Unterbewusstsein, oder wie immer man das nennen mag, „an den Start bringt", um Lösungen zu finden oder hilfreiche und mitunter auch wunderliche Dinge zu erleben. Das Ganze in einem tranceähnlichen Zustand. Allerdings ist eine vertrauensvolle Beziehung zwischen Therapeut und Klient durchaus förderlich.

Na gut. Ich sehe sie ja gerade ziemlich regelmäßig und sie erscheint mir vertrauenswürdig. Also lasse ich es auf einen Versuch ankommen. Voraussetzung dafür ist die Fähigkeit, mich zu konzentrieren, mein bildhaftes Vorstellungsvermögen zu aktivieren und meine Bereitschaft, da mitzumachen. Ich behalte die ganze Zeit die Kontrolle über mich und kann den hypnotischen Prozess jederzeit unterbrechen oder beenden. Na schön. Ich soll mich möglichst bequem hinsetzen und tief ein- und ausatmen.

Es funktioniert tatsächlich, mit jedem Atemzug gleite ich tiefer in den Sessel und finde es schön, nichts weiter tun zu müssen, als ruhig zu sein und der Stimme der Therapeutin zu lauschen. Nun möchte sie, dass ich mir vorstelle, an meinen Lieblingsort zu gehen. Mir vor Augen zu halten, wie ich dort hinkomme. An diesem Lieblingsort, diesem Ruheort, darf ich es mir ganz bequem machen. Den Blick schweifen lassen. Was fällt mir auf? Was nehme ich besonders wahr? Was rieche ich? Was spüre ich mit meinen Händen, Füßen? Was schmecke ich? Was höre ich?

Die Bilder, die sich nun in meinem Kopf abspielen, sind so unwahrscheinlich schön. Ich bin der glücklichste Mensch der Welt. Nach einer knappen Viertelstunde holt mich die Therapeutin aus meinem Kurzurlaub zurück. Wie schade. Ich wäre gern noch geblieben. Aber sie hat mir versprochen, dass ich wiederkommen kann. Jederzeit. Wow. Das ist also Hypnose. Ich fühle mich sehr optimistisch.

Während meiner Chemo-Zeit schreibt mir meine Schwägerin Heike immer wieder über WhatsApp nette Nachrichten. Ein Schlagabtausch, der mich beschäftigt und der meine Verbindung zur Welt da draußen ist.

24.07.13 22:00:45: Heike: *Geht's dir gut heute?*

25.07.13 06:06:26: Ich: *Guten Morgen, sorry, war gestern zu müde zum Antworten. Aber mir geht es ganz gut. Werde heute Nachmittag die Chemo in mich reinstürzen. Diesmal bekommt meine Zimmernachbarin auch Chemo, da können wir also zusammen abhängen. Ich hoffe nur, dass ich nicht wieder Herzrhythmusstörungen bekomme. Die hatte ich beim letzten Mal über drei Tage.*

25.07.13 09:22:47: Heike: *Hi, wünsch dir alles Gute und dass ihr hübsch ungestört vor euch hin schlafen könnt!*

25.07.13 13:33:57: Ich: *Mein Arzt wollte mir für die Rhythmusstörungen Schlaftabletten geben. Hauen Sie sich doch mal so richtig weg, meinte er, dann wird das mit dem Herzen auch besser! Dass er mir nicht noch ne Flasche Rotwein dazugestellt hat, war alles. ;)*

25.07.13 13:37:19: Heike: *Der ist ja witzig! Schlaf du mal lieber so dein Chemo-Koma aus.*

25.07.13 13:49:40: Ich: *Hab ich ihm auch gesagt. Er war allerdings völlig fassungslos, dass ich keine Schlaftablette haben wollte. Als ich gesagt habe, dass man von denen so schnell abhängig wird, meinte er nur grinsend, dass er mich im Notfall schon von der Parkbank fischen würde.*

Die Herzrhythmusstörungen kommen wohl vom Cortison oder von meinen Panikattacken. So genau kann das keiner sagen. Vielleicht ist es also doch ganz gut, eine Schlaftablette zumindest an mich zu nehmen. Für den Notfall hätte ich dann wenigstens was und müsste mir nicht noch Rotwein von der nächsten Tankstelle besorgen.

Messen im Treppenlaufen

Auch meine Brüder rufen immer wieder an. Handys als Bildtelefone sind toll. Wenn die beiden anrufen und wir uns gegenseitig sehen, kommt es keinem so vor, als würden uns 400 Kilometer voneinander trennen.

Bevor es richtig losgeht mit den Infusionen, gibt es noch ein Mittagessen. Mit vollem Bauch schläft es sich besser. Danach stöpselt Frau Dr. Marsell mich über meinen Port an die Chemo an. Zu Beginn meiner Behandlung war sie dabei immer sehr einsilbig, aber mittlerweile erzählt sie mir von ihrer Familie, ihrem Urlaub und dass sie nächstes Jahr ebenfalls vierzig wird. Danach ist der Tag für mich allerdings gelaufen. Nach der Chemo schlafe ich drei bis sechs Stunden am Stück. Abends bekomme ich einen leckeren Salat, und wenn ich es schaffe, versuche ich kurz frische Luft zu schnappen. Oft gelingt mir das aber auch nicht, dann bleibe ich im Bett und schleppe mich wenigstens bis zur Fensterbank und genieße Herne von oben.

Am nächsten Morgen sind meine Arme und Beine geschwollen und meine Laune ist ziemlich weit unten. Statt barfuß über den Rasen zu hopsen, muss ich mich treten, um überhaupt aufzustehen. Wie eine alte Oma schleiche ich ein paar Meter durch den Klinikpark. Ich zwinge mich dazu, weil das Laufen meinen Kreislauf wenigstens ein bisschen in Schwung bringt. Wenn es richtig gut läuft, gehe ich über das Treppenhaus in den siebten Stock zurück. Meine Zimmernachbarin Christiane und ich messen uns im Treppenlaufen. So weit, wie wir kommen, so gut geht es uns. Morgens schaffen wir es höchstens bis zur dritten oder vierten Etage. Wenn es mittags wieder bis ganz oben klappt, klatschen wir uns gegenseitig ab. Wir haben es geschafft! Mal wieder geschafft. Danach hocken wir manchmal am Fenster und beobachten die ankommenden oder abfahrenden Mitarbeiter. Direkt unter unserem Fenster liegt der Mitarbeiterparkplatz und so können wir genau sehen, wer gerade Dienstbeginn oder Dienstschluss hat. Darüber spinnen wir oft ganze Geschichten. Wo kommt derjenige jetzt her, wo fährt er jetzt gleich wohl hin? Manche Pfleger und Schwestern, die in unser Zimmer kommen, steigen in unsere Spinnereien mit ein und wir lachen zu dritt oder zu viert. Ich glaube, auch das Pflegepersonal lacht gerne.

Gegen zehn Uhr ist Visite. Manchmal kommen mehrere Ärzte, manchmal auch nur einer. Von den meisten fühle ich mich ganz gut verstanden und meistens wird nebenbei ein kleiner Witz gerissen. Aber es gibt auch diese Tage, an denen ich nur wie ein Schlückchen Spülwasser in der

Ecke sitze und gar nichts lustig finden mag. Ich weiß, dass mir viele Menschen helfen und so gut es geht versuchen, mich zu unterstützen. Doch an diesen Tagen sehe ich sie alle wie hinter einer Glaswand. Da stehen sie, feuern mich an, winken mir zu, recken ihren Daumen in die Höhe. Und ich sehe sie, sehe ihr aufmunterndes Lächeln, aber bin doch allein. Letztlich muss ich es allein packen. Eine tiefe Einsamkeit breitet sich in mir aus und wird zum gierigen Schlund. Und ich falle und falle und falle. Bodenlose Angst breitet sich in mir aus. Angst vor neuen Tumoren, Angst, dass die Chemo meinen Körper so kaputt macht, dass ich nicht weiterleben mag. Angst, dass ich alles nicht mehr länger aushalten kann.

Und dann kommt mein Arzt. Dieser Arzt, dem ich anfangs nie zugetraut hätte, es auch nur ein bisschen menscheln zu lassen. Er kommt, nimmt mich einfach in den Arm oder setzt sich zu mir aufs Bett, drückt mich und sagt: „Frau Heintze, wir schaffen das!" Er nimmt mich mit zur Sonografie, zeigt mir, dass es meinen Organen gut geht. So als ob jemand den schweren Rucksack, der auf meinen Schultern hängt, von unten mit stützen würde. Wie eine Wand steht er hinter mir, um mir zu zeigen, dass es kein Zurück gibt. Der Weg ist vorwärts und in genau diese Richtung schubst er mich sanft. Und irgendwann kann ich sie dann auch selbst wieder sehen, all die anderen Menschen, die mir nahe sind, die mich nicht allein im Nebelgrau stehen lassen. Da sind doch so viele, ich muss sie nur zu mir holen. Ihnen sagen, wie es mir geht. Dann teilen sie sich ein Stück des Weges mit mir. Aber das fällt mir oft so schwer, weil ich niemandem zur Last fallen möchte. Dennoch bin ich Gott so dankbar, dass er mir solche Menschen schickt. „Sind das Engel?“, frage ich meinen himmlischen Vater. „Hast du sie mir geschickt?“

Ich frage mich oft, warum ich so ein riesiges Glück mit meinen Ärzten habe, zumindest mit den meisten. Oft habe ich das Gefühl, dass sie sich ganz besonders um mich kümmern, sich Zeit nehmen für mich und meine Anliegen. Und auch medizinisch fühle ich mich gut aufgehoben. So oft höre ich von Mitpatienten, wie anders es ihnen ergeht, wie furchtbar ihre Begegnung mit dem oder jenem Arzt war. Keine Zeit, mit den Gedanken schon woanders, jede Frage wird abgewimmelt. Ich kann das für mich nicht bestätigen. Aber woran liegt das? Liegt es an meiner Einstellung? Es mag naiv klingen, aber ich traue dem Arzt, bei dem ich gerade bin, in der Regel alles zu, vor allem, dass er mir hilft, wieder gesund zu werden. Ich mache das, weil er mir dadurch sympathischer wird, und dann fühle ich mich besser. Bei den vielen Ärzten, denen ich bereits mein Leben anvertrauen musste, ist das eine Art Überlebensstrategie für mich geworden.

Bestes Beispiel ist mein Professor. Als wir uns das erste Mal begegnet sind, habe ich wirklich gedacht, lieber Himmel, mit uns beiden, das wird nichts. Aber dann habe ich ihm eine Chance gegeben, schließlich brauchte ich einen guten Arzt und wollte, dass er sich als einer erweist, und tatsächlich ist eine tolle Arzt-Patientin-Beziehung daraus geworden. Ich will Menschen, mit denen ich umgehe, mögen. Nur so mag ich auch länger mit ihnen zu tun haben. Ich bin mir ganz sicher, dass der Satz zutrifft: Was man sät, wird man ernten. Oder anders ausgedrückt, so wie ich jemandem begegne, wird er mir den Spiegel vorhalten. Im Positiven wie im Negativen.

Vielleicht kommt mir zugute, dass ich von Natur aus ein optimistischer Mensch bin. Wenn man mich anlächelt, lächele ich zurück und denke, alles wird gut, lass uns beginnen.

Nach der Visite packe ich wieder meinen Koffer und mein freundlicher Taxifahrer holt mich direkt am Eingang ab und setzt mich vor unserer Haustüre ab. Die Taxifahrten sind immer toll. Die Fahrer sind meistens gut gelaunt. Zu Hause dreht sich das Haushaltskarussell: Waschen, Bügeln, Essen kochen, Rechnungen bezahlen. Organisieren, für Klassenarbeiten lernen, zum Elternsprechtag gehen, meine Kinder zum Sport, zur Ergotherapie, zur Schule, zu Freunden fahren, zum Lernen bringen, übers Zimmeraufräumen diskutieren, mir Schulfrust anhören und pubertäres Genöle aushalten. Die übliche Mischung aus zickigen Teenagern, gereizter Mutter und überarbeitetem Vater. Dagegen ist selbst das breiteste Lächeln machtlos.

Gespräch mit Dr. Abdallah

Das zweite OP-Gespräch in den Ev. Kliniken in Gelsenkirchen steht an. Diesmal sind mein Mann und ich direkt beim Chefarzt geladen, da Dr. Abdallah mich auch operieren wird. Mit seinen gut zwei Metern ist er eine stattliche Erscheinung. Aber keine, die einem Angst einjagen könnte. Dr. Abdallah ist ein Phänomen für mich. Noch im größten Trubel strahlt er so eine Ruhe und Besonnenheit aus, wie ich es noch nie zuvor erlebt habe. Das ganze Gegenteil zu mir, denn ich bin wieder einmal extrem aufgeregt, habe Angst, er könnte die Operation aus welchen Gründen auch immer ablehnen. Das Gespräch in Köln ist plötzlich wieder da. Angespannt hin und her ruckelnd sitze ich auf der Stuhlkante. Mindestens fünf Operationen habe ich vor mir, wenn mir tatsächlich das gesamte Brustgewebe entfernt wird.

In aller Seelenruhe blättert Dr. Abdallah in meinen Unterlagen und ganz langsam überträgt sich seine Ruhe auf mich. Dr. Abdallah spricht meinen Mann an, fragt ihn, wie er zu dieser Operation stehe. Hallo? Was soll das denn jetzt? Geht's hier vielleicht um meinen Körper? Es dauert eine Weile, bis ich diesen Schachzug verstehe. Selbstverständlich kann Arnd nicht für mich entscheiden. Doch er ist ebenso betroffen. Diese Operation wird mich unweigerlich verändern und er muss genauso wie ich lernen, damit umzugehen. Und darum fängt er am besten so früh wie möglich damit an. Dr. Abdallah möchte uns helfen, gemeinsam an meiner Krankheit zu wachsen. „Ich möchte, dass meine Frau überlebt“, antwortet mein Mann. „Ich möchte, dass sie überlebt und unsere Kinder weiterhin ihre Mutter haben.“ Bei dem Wort Kinder blickt Dr. Abdallah auf. Er schaut erst meinen Mann an, dann mich. „Wie viele Kinder haben Sie?“, möchte er wissen. „Drei“, antworte ich, „sie sind elf, dreizehn und fünfzehn Jahre alt.“ Ohne eine Antwort abzuwarten, lege ich nach, sage, dass ich furchtbare Angst vor diesen fünf Operationen habe, dass ich nicht weiß, wie ich das mit meiner Familie organisieren soll, schon wieder mehrere Wochen auszufallen.

Ruhig schaut Dr. Abdallah mich an, wartet ab, bis ich mich wieder etwas beruhigt habe. „Frau Heintze, wir machen bei Ihnen nur eine Operation.“ Ungläubig starre ich ihn an. „Wie bitte? Aber Dr. Fischer hat doch…“ „Nein, ich habe entschieden, wir werden das alles in einer Operation durchführen. Sie haben eine große Brust.“ Was er nicht sagt. Körbchengröße E war mir eh immer zu groß. Doch nun scheint es mir zum Vorteil zu gereichen. Denn dadurch muss die Haut nicht mit einem Expander vorgedehnt werden, um die Implantate einzusetzen. Es ist ja genug Haut da, unter die die Implantate passen. Daher kann sowohl die Entfernung des Brustgewebes als auch das Einsetzen der Implantate in einer OP gemacht werden. Zudem, meint er weiter, sähe meine Haut gut aus, so dass er keine Probleme befürchten würde.

Yippieh. Ich könnte ihm gerade mal jubelnd um den Hals fallen. Nur eine große OP, keine fünf! Selbstverständlich beherrsche ich mich und bleibe auf meinem Stuhl sitzen. Mein Enthusiasmus ist ihm dennoch nicht entgangen. Er blickt mich ernst an: „Ihre neue Brust hat voraussichtlich Körbchengröße B oder C. Also, da wäre dann schon ein Unterschied. Geht das für Sie in Ordnung?“ Ob das in Ordnung geht? Mit ein paar Nummern kleiner werde ich bestens zurechtkommen! Und noch viel wichtiger ist mir, dass das ganze Brustgewebe endlich wegkommt. Es bereitet mir schlaflose Nächte, ich will nicht weiter mit dem Gefühl leben, dass sich da jederzeit ein neuer Tumor bilden kann. Im Moment fühle ich mich noch etwas sicher, weil die Chemo noch läuft und alle bösartigen Zellen im Schach hält. Aber was ist danach? Nein, alles weg, alles raus, und zwar so schnell wie möglich!

Dr. Abdallah bespricht noch grob mit uns, wie er operieren wird. Die Naht wird quer über jede Brust bis unter die Achsel gehen. Die Brustwarzen werden mit entfernt, da gerade sie ein großes Rückfallrisiko darstellen. Die können aber, wenn ich das möchte, irgendwann nachgearbeitet werden. Mich interessiert, wie so ein Implantat aussieht. Er hat eines da. Ich darf es in die Hand nehmen, selbst fühlen. Dr. Abdallah klärt mich darüber auf, dass diese Implantate keine Flüssigkeit enthalten. Sollte also mal ein Riss entstehen, kann nichts auslaufen. Außerdem würden diese Implantate ein Leben lang halten und müssten nicht, wie mir auch schon erzählt wurde, nach zehn Jahren ausgewechselt werden. In den nächsten Tagen wird er einen Bericht an mich rausschicken. Mit diesem muss ich zur Krankenkasse und den Eingriff genehmigen lassen. „Ich muss Sie allerdings warnen, dass die Krankenkasse sich eventuell querstellen könnte“, gibt er mir mit auf den Weg. Wenn das der Fall ist, soll ich mich sofort bei ihm melden. Das macht mir direkt wieder Angst. Doch er beruhigt mich, verspricht, er wird auf jeden Fall operieren, auch wenn die Krankenkasse ablehnt. Das Problem wäre dann nur, dass die Kasse im Falle einer Folgeerkrankung oder von Entzündungen keine Behandlungskosten übernehmen würde. Deshalb ist es so wichtig, dass diese Operation genehmigt wird.

Was für ein Gespräch! Ich bin so erleichtert. Nur eine Narkose. Das bekomme ich gedanklich irgendwie hin. Jetzt nur noch schnell die Kontrolluntersuchung. Mal sehen, was mein Tumor so treibt. Fazit: Mein Räumtrupp ist sehr erfolgreich! Nur noch 0,5 Zentimeter misst der Knoten von ursprünglich 1,1 Zentimeter in der Brust. Die Chemotherapie wirkt. Dr. Abdallah ist genauso glücklich wie ich. Leichten Schrittes verlassen mein Mann und ich die Klinik. Wie besprochen reiche ich die Unterlagen bei meiner Krankenkasse ein. Ich bin voller Optimismus. Das wird genehmigt, sage ich mir.

Zwei Tage später muss ich wieder zur Chemo. Diesmal ist der Abschied von zu Hause ganz furchtbar. Theresa ist allein, Marvin und Sarah sind schon mit Verwandten nach Sylt vorgefahren. Der Abschied fällt mir schwer. Meine Jüngste steht an der Tür und winkt mir mit Tränen in den Augen hinterher. Sie will nicht, dass ich fahre. Auch mir stehen die Tränen in den Augen. Heute bin ich mehr als dankbar, dass mein Taxifahrer in Gesprächslaune ist. Dennoch spreche ich in Gedanken ein kurzes Gebet für meine Tochter. Abends telefonieren wir, da geht es ihr schon wieder gut. Sie ist voller Vorfreude auf den Urlaub. Morgen fahren sie, Papa und ein Schwager von mir mit dem Wohnwagen nach Sylt. Ich werde in drei Tagen hinterherreisen.

Der nächste Tag ist heiß. Ich liege bei unerträglichen Temperaturen in meinem Bett und lasse die Chemo über mich ergehen. Mal wieder wurden die Medikamente, die die ganzen Begleiterscheinungen der Chemo mindern sollen, umgestellt. Bei meiner letzten Gabe war mein Herz zwei Tage lang komplett aus dem Takt geraten. Die ersten drei Tage nach der Chemo muss ich viel liegen, mich ausruhen, bin zu nichts zu gebrauchen. Doch wenn man nur daliegt, dann nimmt man auch jedes Zipperlein des Körpers wahr. Immer und immer wieder horche ich in mich hinein, spüre den unregelmäßigen Herzschlag. Das beunruhigt mich. Das lässt mich nicht schlafen, geschweige denn ausruhen. Nach zwei Tagen ist der Spuk vorbei. Aber zwei Tage müssen erst mal rumgehen. Es ist ein blödes Gefühl, während die Chemo in mich hineinsickert.

Ich will an die kleinen Männchen denken. Mein Räumtrupp. Aber viel zum Nachdenken komme ich heute nicht mehr. Trotz der ungeheuren Hitze übermannt mich der Schlaf.

Ich träume, ich wäre zu Hause im kühlen Keller und mein mir zugelaufener Kater schnurrt um mich. Seit ein paar Tagen kommt er immer mal wieder bei mir an der Terrassentüre vorbei und schnorrt um ein paar Leckerlis. Ich darf ihn dafür streicheln, an mich drücken und ihm alles Mögliche in seine wuscheligen Ohren plappern. Sein Kopf schmiegt sich dabei immer wieder an meinen und gibt mir das Gefühl, dass er mich absolut versteht. Leider bin ich nicht zu Hause und Augustus (so habe ich den Kater genannt, weil er mir im August über den Weg lief) zieht seine Runden erfolglos um unsere Terrassentüre. Aber morgen, morgen werde ich so schnell wie möglich hier aus der Klinik flüchten.

AUGUST

Sommerurlaub

Miami, Mallorca oder Herne?

Es geht weiter, Professor Reymond,

Heidi und die Krankenkasse

Von dieser Frau kann ich noch viel lernen

Geschwindigkeit freigegeben

Sommerurlaub

28 Grad und wir haben gerade erst 10 Uhr am Morgen. Ich sitze aufrecht in meinem Bett und warte auf die Visite. Wenn alles klar ist, kann ich gehen und ich will hier heute so schnell wie möglich raus. Zu Hause ist es schön kühl. Heute leiden wirklich alle unter der Hitze: Patienten, Pflegepersonal und Ärzte gleichermaßen. Professor Strumberg kommt schweißgebadet in mein Zimmer zur Visite, begleitet von einer Kollegin. Wie immer ist er völlig korrekt gekleidet, den dicken Arztkittel bis oben hin zugeknöpft. Trotz allem ist er gut aufgelegt. Das ist sehr gut. Ich will nämlich dieses für mich wichtige Problem mit den Herzrhythmusstörungen klären. Die müssen weg. Und dieser Arzt soll dafür sorgen! Morgen früh fahre ich mit dem Zug nach Sylt, meiner Familie, die dort schon seit ein paar Tagen weilt, hinterher. Aber ich habe Schiss, dass ich im Zug umfallen könnte, wenn ich wieder dieses Herzrasen bekomme. Darum bitte ich ihn, mir Betablocker oder irgendetwas anderes zu verschreiben, das die Pulsfrequenz zügelt und mich im Notfall beruhigt.

Ich weiß, meine Medikamente sind schon vor der Chemo umgestellt worden, mit dem Ziel, die Herzrhythmusstörungen zu beseitigen. Doch was mache ich, wenn es nicht funktioniert? „Gar nichts“, ist die Antwort meines Arztes. Ich gucke ihn entgeistert an. „Nichts?“ Ich bin fassungslos. Nichts geht gar nicht. Meine Angst frisst mich jetzt schon auf. „Sie machen gar nichts“, wiederholt Professor

Strumberg, „aber ich gebe Ihnen meine Handynummer. Und wenn es losgeht, rufen Sie mich an. Jederzeit." Während er das sagt, kritzelt er in aller Seelenruhe seine Nummer auf den Abschlussbericht und klopft mir, während er mir diesen überreicht, beruhigend auf die Schulter.

Ich schaue ihn an, bin irritiert. Wie soll das praktisch aussehen? Sobald ich japsend im Zug sitze, greife ich zum Telefon und rufe ihn an? Und dann? Was will er dann machen? Nee, ganz ehrlich, diesmal wollte ich irgendwelche Hammerpillen, die mein Problem einfach abstellen. Stattdessen bekomme ich einen Zettel mit einer Handynummer. Professor Strumberg muss meine Planlosigkeit bemerkt haben. „Sehen Sie, Frau Heintze", setzt er an, „wenn ich Ihnen jetzt Betablocker verschreibe, dann wird Sie das erst recht umwerfen. Ihr Puls würde vermutlich so weit gesenkt werden, dass Sie da oben direkt umfallen. Das wollen Sie nicht und ich erst recht nicht. Also gibt's auch keine Blocker. Ich bin mir sowieso sicher, dass Ihr Herz das diesmal gut und stolperfrei mitmachen wird." Was soll ich dazu sagen? Ich sage nichts und nicke nur brav. „Haben Sie tolle Tage auf Sylt! Genießen Sie Ihren Urlaub, Sie haben ihn mehr als verdient!", gibt er mir noch mit auf den Weg. Ich schaue ihm beim Hinausgehen hinterher. Was hat dieser Arzt bloß für einen grenzenlosen Optimismus!

Am nächsten Morgen steige ich müde und schlapp in den Zug. Was hat mich da bloß geritten, zwei Tage nach der

Chemo eine siebenstündige Zugfahrt zu buchen? Voller Sorge setze ich mich auf meinen Platz. Eigentlich rechne ich jede Minute damit, dass mein Herz wieder durchdreht. Professor Strumbergs Optimismus hin oder her. Auf mich färbt der im Moment wenig ab. Noch bin ich nicht weit. Noch kann ich aus dem Zug aussteigen. Noch kann ich meinen Arzt anrufen. Anrufen? Ja, genau. Ich merke, wie ich ruhiger werde. Professor Strumbergs Handynummer liegt sicher in meiner Tasche. Jederzeit griffbereit. Ich fühle mit der Hand nach meinem Handy. Das Atmen wird wieder leichter. Dieser Arzt hätte mich nie fahren lassen, wenn irgendetwas Gefährliches mit meinem Herzen wäre. Das sage ich mir so lange immer wieder im Geiste vor, bis es endlich da oben ankommt.

Irgendwann schaffe ich es sogar, mein Buch aufzuschlagen und meine Gedanken bei dem zu halten, was ich gerade lese. So rase ich Sylt und meiner Familie ohne Herzrasen entgegen. Professor Strumbergs Therapie wirkt. Es ist eine simple Handynummer, die mich beschützt. Die Zusicherung, jederzeit zum Telefon greifen und anrufen zu dürfen, bewahrt mich davor, davon Gebrauch machen zu müssen.

Er hat das gewusst. Er wusste ganz genau, dass er mir damit am meisten hilft. Ich bin fasziniert und spüre eine ganz neue Dimension des Vertrauens. So komme ich auf Sylt an und schicke Professor Strumberg eine kurze Nachricht: „Westerland erreicht! Notfallnummer hat funktioniert, danke! Viel Freude bei der Arbeit. Ich bin dann mal im Urlaub…"

Am Bahnhof werde ich von meiner Familie in Empfang genommen. Heute ist es hier laut, voll und sehr hektisch. Urlaubszeit halt, halb Deutschland will nach Sylt. Darum machen wir uns nach einer kurzen Begrüßung alle schnell auf den Weg zum Auto.

Arnd sieht müde und angespannt aus. Theresa und Sarah haben Hunger. Komisch, sobald Mama in Sichtweite kommt, setzt umgehend der Hunger ein. Ich werde jetzt hier aber ganz sicher nicht als Erstes im Kochtopf rühren. Wir fahren zum Campingplatz, um mein Gepäck auszuladen. Dort gibt es einen zweiten großen Bahnhof. Meine Schwägerinnen und Schwager, mein Schwiegervater und einige Bekannte erwarten mich bereits. Der größte Teil der Geschwister meines Mannes, er hat sieben davon, verbringt auf diesem Campingplatz in Wenningstedt seinen Sommerurlaub. Vor einigen Jahren haben meine Familie und ich das auch noch gemacht. Doch irgendwann wurde es mir zu viel. Ich hatte einfach keine Lust mehr, drei kleine Kinder auch im Urlaub noch im Wohnwagen zu versorgen und dort im Grunde genau das zu machen, was ich zu Hause auch machen muss, einkaufen, kochen, abspülen, aufräumen… Sich ständig mit den anderen abzustimmen, was unternommen wird. Und zur Krönung die Endlosdiskussionen über die Firma, in der alle vier Brüder meines Mannes ebenfalls tätig sind. Das war für mich irgendwann kein Urlaub mehr. Darum hatte ich einfach eigenmächtig eine Unterkunft gebucht. Auf Sylt etwas halbwegs Bezahlbares zu finden, ist nicht leicht. Die Lösung, die sich anbot, war die Jugendherberge. Seit einigen Jahren verbringen wir deshalb in der Jugendherberge in List unsere Ferien, und ich genieße es, mich um nichts kümmern zu müssen und einfach drei Mahlzeiten am Tag vorgesetzt zu bekommen. Dieses Jahr jedoch haben wir nichts vorher gebucht, da wir einfach nicht sicher waren, was gehen wird. Deshalb sind wir auf dem Campingplatz, inmitten des Familienrudels. Mein Mann und meine Kinder finden das toll und ich rede mir ein, dass das für ein paar Tage bestimmt gut gehen wird.

Doch jetzt stehe ich hier, werde von allen in den Arm genommen. Jeder will wissen, wie es mir geht, und ich möchte plötzlich nur noch weg. Diese ganzen Menschen erdrücken mich. Ich weiß, alle meinen es nur gut, aber ich brauche jetzt etwas zu essen und Ruhe. Doch ich komme gar nicht zu Wort. Bis Sarah, Marvin und Theresa so lange quengeln, dass sie Hunger haben und Pommes wollen. Da endlich brechen wir auf. Richtung Pommesbude. Mein Kopf brummt, ich bin schwer ernüchtert. Was hatte ich mir nur dabei gedacht, hierher zu kommen? Alle sind doch so glücklich hier und nun müssen sie wieder Rücksicht auf mich nehmen, weil mir die Großfamilie so zu schaffen macht. Vielleicht wäre ich besser zu Hause geblieben. Da hätte ich alle Ruhe gehabt. Hier muss ich nun entscheiden, was gemacht wird. Jeder will was anderes. Ich will nichts entscheiden müssen. Ich will mich nur treiben lassen. Aber ich traue mich nicht. Schließlich sitzen wir ja nur meinetwegen wieder auf dem Campingplatz.

Meine Familie möchte nach kurzer Beratung gerne zum Ellenbogen angeln gehen. Mein Mann und mein Sohn sind begeisterte Angler und eigentlich liebe ich die Ruhe und Abgeschiedenheit des Ellenbogens. Doch heute ist mir selbst das zu viel. Aber weil alle sich so viel Mühe geben und mich glücklich machen wollen, traue ich mich nicht, das zu sagen und spiele Freude vor. Mitten in diesem Durcheinander piepst mein Handy. Ich habe eine Nachricht von meinem Arzt: „Super, freut mich sehr. Genießen Sie Ihren Urlaub und denken Sie bitte auch an sich?!" Ich starre auf das Handy. Das saß! So sehr hatte ich mich auf diese Tage ohne Chemo gefreut, wollte einfach nur machen, was mir gefällt, und nun war ich schon wieder dabei, es allen recht machen zu wollen. Den anderen bloß den Urlaub nicht mit meiner Krankheit verderben.

Noch während wir alle Pommes und Hamburger essen, reift in mir, Professor Strumbergs Nachricht dicht bei mir in der Tasche, ein Plan. Ich werde endlich das tun, was ich möchte. Und heute möchte ich einfach mal allein zum Strand. Kein Mama, hilf mal; kein Simone, komm mal. Entschlossen und ruhig erkläre ich das meiner Familie. Keiner widerspricht. Alle sind auf Anhieb einverstanden. Mein Mann und die Kinder fahren nach dem Essen

Es geht mir sooo gut! Ich denke an mich und tue mir Gutes!

zum Angelstrand, so wie sie es sich ohnehin in den Kopf gesetzt hatten, und ich packe Sonnencreme, Sonnenhut und Handtuch, schwinge mich auf mein Fahrrad und radle allein zum nahe gelegenen Strand. Als Schutz für meinen nackten Kopf trage ich über den bunten Tüchern einen großen Sonnenhut. Ein Hut, der mich behütet. So jedenfalls fühlt es sich in diesem Moment für mich an. Vielleicht auch wie eine Krone. Denn es ist der Auftakt zu etwas Neuem, das sich königlich anfühlt. Ich spüre mich. Ein Lebensstrom, der wieder plätschert. Zaghaft noch, aber es läuft. Immer habe ich zuerst an alle anderen gedacht, die Kinder, mein Mann, die Familie, die Arbeit, die Kirche. Alle sollten zufrieden sein, damit ich es auch sein konnte. In Wirklichkeit hat es nur mich meiner Lebendigkeit beraubt, mich trocken, öde und leer gemacht. Dabei ist doch genau dieser Lebensstrom die Quelle für alles. Er ist das Geschenk Gottes an mich. Ich will, dass er fließt. Ich will wieder gesund werden und ich will endlich einmal großzügig mit meiner Zeit umgehen. Ich will leben!

Und dann bin ich am Strand. Es ist überwältigend. Sofort strecke ich meine bloßen Füße in den warmen, weichen Sand. Vor mir das himmelblaue Meer, das sanfte Wellen an den Strand wirft. In den Dünen rauscht der Strandhafer. Über mir drehen Möwen ihre Kreise, vermutlich auf der Suche nach etwas Nahrhaftem. Ich stehe einfach nur da und staune. Staune, dass ich den Mut hatte, genau das hier zu tun. Staune, wie sehr ich es genießen kann. Das fühlt sich so gut an. Und ich staune darüber, wie unkompliziert meine Familie meinen Wunsch akzeptiert hat. Zumindest heute. Vielleicht waren auch sie froh, endlich zu wissen, woran sie sind und wie sie mir eine Freude machen können. Glücklich und für einen Moment ganz im Reinen mit mir, spaziere ich am Strand entlang, tauche meine Füße ins kalte Meerwasser. Eine Meeresbrise streichelt sanft meine Haut. Dann lasse ich mich einfach in den Sand fallen und genieße es, jetzt hier in dieser wunderschönen Landschaft zu sitzen.

Später radle ich weiter zur Wenningstedter Kirche. Eine Friesenkapelle, wie man sie sich vorstellt, mit roten Backsteinen und einem weit in den Himmel ragenden Kirchturm. Innen ist der Raum um den Holzaltar mit friesischen Kacheln ausgekleidet. Möbliert ist die Kirche mit schlichten, weiß lackierten Holzbänken. Wer den Blick nach oben richtet, sieht das Vaterunser in einer Art Bauernmalerei an der Kassettendecke. Kein Mensch ist hier, als ich eintrete. An diesem schönen Tag sind wohl alle lieber am Strand. Umso besser, dann kann ich hier in Ruhe mit meinem himmlischen Vater reden. Ich sage ihm Danke für diesen besonderen Tag. Dafür, dass er mich während der Zugfahrt bewahrt hat und dass ich nun hier sein darf. Danke für die Menschen, die mich stärken und mutig nach vorn blicken lassen. Die mich meine Angst überwinden lassen, nur weil sie meinen Blickwinkel verändern. Das berührt mich sehr. In einer Ecke der Kirche entdecke ich Kerzen. Ich entzünde eine für all diese Menschen, die mich so treu begleiten, und stelle sie in ein an der Wand angebrachtes Segelboot. Durch die Flammen wirft das Segel des Schiffes einen Schatten an die Wand. Dieser Schatten sieht aus wie ein Kreuz. Was für eine schöne Idee!

Mit Tanja und ihrem Sohn Felix auf Sylt.
Wir genießen die raue See und haben immer etwas zu lachen.

Am nächsten Tag kommt meine Stuttgarter Freundin Tanja mit ihrer Familie auf der Insel an. Tanja, die ich vor über 20 Jahren im Olgäle kennengelernt habe. Tanja, die mich auch jetzt ohne Worte versteht. Die weiß, wie sich eine Chemo anfühlt. Seit Jahren treffen wir uns, wenn es die Sommerferien unserer Kinder möglich machen, auf Sylt. Sie, ihr Mann Sigi, der als Jugendlicher mit mir in Amerika war, und ihre drei Kinder kommen uns freudestrahlend auf dem Campingplatz entgegengelaufen. Sie sind die ganze Nacht durchgefahren von Stuttgart bis Sylt, und nun wollen wir zusammen frühstücken. Das Wetter ist herrlich. Wir sitzen unter einem strahlend blauen Himmel und erzählen lang. Später spazieren wir zum Strand, der direkt unterhalb des Campingplatzes liegt. Die Kinder gehen schwimmen. Ich würde das auch gerne tun, doch die Nordsee ist mir einfach zu kalt. Barfuß am Strand entlang aber geht.

Am nächsten Morgen breche ich schon um 6:30 Uhr auf zum Strand. Alle schlafen, der ganze Campingplatz schläft noch. Himmlische Ruhe umgibt mich, als ich über den Holzsteg zum Meer laufe. In meinem Rücken spüre ich die aufgehende Sonne, die sich im blauen Meerwasser spiegelt. Ein leichter Wind weht, ich stehe oben am Kliff und blicke auf das rauschende Meer. Mehr geht echt nicht. Ich habe es tatsächlich geschafft. Mitten in der Chemotherapie bin ich auf Sylt. Ich fotografiere, ich filme. Ich muss das festhalten. Festhalten für weitere Tage, an denen es mir nicht gut gehen wird. Und ich möchte das teilen. Über WhatsApp schicke ich mein Glück an alle Menschen, die mir so beistehen. Sie sollen nicht immer nur mein Gejammer hören. Danach gehe ich zurück zum Campingplatz.

Mein Schwiegervater hat schon begonnen, den Frühstückstisch zu decken. Mein Mann ist unterwegs, um Brötchen zu holen. Ich helfe meinem Schwiegervater, und als wir fertig sind, ist auch Arnd wieder da und wir können draußen in der Sonne frühstücken.

Sylt, der Weststrand: unbeschreiblich schön.

Später fahren wir alle zusammen zum Ellenbogen. Diesmal freue ich mich sehr auf dieses wunderschöne Stückchen Erde. Der Ellenbogen ist der nördlichste Zipfel der Insel Sylt. Dieser Teil ist in privatem Besitz, darum auch muss man Eintritt bezahlen. Der Vorteil, hier ist nicht so viel los wie an den Stränden in Westerland, Wenningstedt, Kampen, Rantum oder Hörnum. Normalerweise ist es das größte Glück meiner beiden Männer, am Ellenbogen zu angeln, und wenn möglich grillen wir die gefangenen Makrelen direkt am Strand.

Doch heute angelt nur mein Mann, mein Sohn Marvin hat sich zu einem Kitekurs angemeldet. Ich sehe Marvin zu, wie er versucht, seinen Drachen hochzuziehen, damit dieser ihn mit dem Brett unter den Füßen über das Wasser ziehen kann. Schon seit Jahren begeistern mich die bunten Drachen, mit denen die Kiter hier über das Wattenmeer fliegen. Das muss toll sein. Und der Gedanke ist plötzlich da: Ich will das auch können. Ich will auch kiten. Nicht jetzt während der Chemo, aber danach. Freudig erzähle ich meiner Familie von meinen Plänen. Die Reaktionen sind verhalten. Darfst du das nach der Operation überhaupt? Ich grummele etwas vor mich hin. Das möchte ich doch im Moment gar nicht wissen. Trotzig halte ich an meinem Vorhaben fest. Nächstes Jahr werde ich hier einen Kitekurs machen. Und wenn ich Narben bis unter die Arme habe. Ich werde kiten lernen.

Abends gehe ich wieder alleine zum Strand und genieße den Sonnenuntergang. Die Sylter Sonnenuntergänge sind so wunderschön. Ich sitze auf einer Düne mitten im Strandhafer und schaue mir an, wie die Sonne im Meer ertrinkt.

Die Tage ziehen dahin. Gestern war es stürmisch und kalt. Doch auf dieser Insel mag ich auch das. Wenn der Wind in die Wellen peitscht, die Gischt überschäumt und aus dem Rauschen des Meeres ein lautes Tosen wird. Ich finde es wahnsinnig beeindruckend, davor zu stehen, zuzusehen und zu spüren, zu welcher Kraft Wind und Wasser in der Lage sind.

Miami, Mallorca oder Herne?

Wir feiern Sarahs vierzehnten Geburtstag, er ist auch mein letzter Tag auf Sylt. Morgen fahren Sarah und ich zurück nach Hause. Arnd, Marvin und Theresa werden noch ein paar Tage hier bleiben. Sarah wird nach England fliegen und ich werde mich wieder in meine Luxussuite nach Herne aufmachen. Doch noch sind wir alle hier und heute wird gefeiert. Ich bin so stolz auf meine große Tochter. Ich bin so stolz auf alle drei. Sie gehen so gut mit der Situation um. Keine Klagen darüber, dass wir für dieses Jahr keine echten Urlaubspläne machen konnten und nun alles so nehmen mussten, wie es sich eben ergeben hat. Sie versuchen zu helfen, wo es geht. Auch heute. Alle sitzen wir im Vorzelt und schnippeln Gemüse für den Salat. Zum Abendessen möchten wir grillen und dafür haben sich ein paar Gäste angekündigt. „Ein paar" heißt in dieser Familie, dass wir ungefähr 20 Personen sein werden. Wir brauchen also eine große Schüssel Salat. Alle helfen fleißig mit, dass bis zum Abend Zeit für einen Strandbesuch bleibt. Dort machen wir lustige Bilder. Sarah lässt sich vor dem Leuchtturm fotografieren, während Marvin ein paar Meter vor ihr steht und die Hand ausstreckt. Auf dem Foto sieht es so aus, als würde Marvin Sarah auf seiner Hand tragen. Dann machen wir ein Bild, auf dem Marvin seine beiden Schwestern auf Händen trägt. Später stützen wir alle mit einer Hand den Leuchtturm. Währenddessen lachen wir unentwegt. Arnd angelt in der Zeit ein paar frische Fische. Auch die werden heute Abend bei der Geburtstagsfeier auf dem Grill landen. Was für ein schöner Abschluss für diesen Urlaub!

Am nächsten Tag fahre ich mit Sarah nach Hause und bringe sie am Tag darauf zum Flughafen. Sie wird zwei weitere Ferienwochen in England verbringen. Auf Sprachreise. Sie wird es toll finden, denn vier Freundinnen von ihr fliegen mit. Ich stehe im Flughafen und sehe an den Anzeigetafeln die Flüge nach Miami, Mallorca und Kanada. Was wäre, wenn ich jetzt einfach meine Visa-Karte zücke und einen Flug buche? Egal wohin. Nur weg. Weg von der Aussicht auf eine weitere Chemo. Der Gedanke ist sehr verlockend.

*

Mit dem Kopf noch im Urlaub, versuche ich in meine nächste Chemo zu starten. Die Bilder von Sylt tragen mich. Ich bin froh, für niemanden verantwortlich zu sein, Essen aufs Zimmer zu bekommen, einen Moment lang mit der Schwester zu plaudern. Aber dann kommt die Chemo und ab da wird es schwer, nicht daran zu denken, dass der Rest meiner Familie jetzt auf Sylt oder in England sitzt und Urlaub macht. Die ganze Zeit habe ich ein Summen im Ohr und mein Körper vibriert. Das ist so anstrengend. Warum bin ich vorgestern nicht einfach in ein Flugzeug gestiegen?

Es geht weiter, Professor Reymond, Heidi und die Krankenkasse

Ich bekomme einen Anruf meiner Krankenkasse. Meine Operation wurde vom medizinischen Dienst abgelehnt. Das ist ein Eimer Eiswasser direkt über meinen Kopf. Ich bin sprachlos. Drei Kliniken, Gelsenkirchen, Münster und schließlich auch Köln haben die Operation befürwortet, eine Notwendigkeit darin gesehen. Und dann kommt so ein medizinischer Dienst daher, der mich nicht mal persönlich gesehen hat, und lehnt alles ab! Mit der Begründung: Es kann brusterhaltend operiert werden.

Dabei würde die Krankenkasse eine brusterhaltende Variante wesentlich teurer zu stehen kommen als die Implantate auf beiden Seiten. Es müsste in jedem Fall mehrmals operiert werden. Durch die Gewebeentfernung wäre die rechte Brust sehr viel kleiner als die linke. Das müsste angepasst werden. Und das Schlimmste: Wenn brusterhaltend operiert wird, müsste ich anschließend bestrahlt werden! 33 Bestrahlungen!! Vollkommen perplex starre ich den Hörer an. Das kann nicht sein! Ich merke, wie die Wut in mir steigt. Was bilden die sich eigentlich ein, sich hier zum Herrscher über mein Leben aufzuspielen!

Am nächsten Morgen rufe ich bei meiner Krankenkasse an und lande in der Hotline bei einem Herren, den ich zu Beginn meiner Erkrankung schon mal erwischt habe. Er kann sich tatsächlich an mich erinnern. Das bewahrt ihn nicht davor, sich meine gesammelte Wut anhören zu müssen. „Ich bin es leid! Ich trete aus“, schreie ich in den Hörer, „ich hab einfach keine Kraft mehr, gegen diesen ganzen Verwaltungszirkus anzukämpfen.“ Bei diesen letzten Worten fange ich fürchterlich an zu weinen. Monatelang habe ich überlegt, welche Operation sinnvoll ist. So viele durchgrübelte Nächte, so viele Gespräche und am Ende war ich sicher: Ja, ich will genau diese OP, weil sie es mir möglich macht, ohne Angst vor einem neuen Krebs weiterzuleben. Und jetzt sagen die einfach, nö, ist nicht. Das Schlimme ist: Ich beginne tatsächlich mit meinen Überlegungen wieder von vorne. Soll die Absage vielleicht doch ein Wink für mich sein, den Eingriff nicht vornehmen zu lassen? Ich bin so durcheinander.

Der Krankenkassen-Hotlinemensch verspricht mir, sich um diese Angelegenheit zu kümmern und sich dann wieder zu melden. Tut der eh nicht, denke ich. Macht er auch nicht. Aber zwei Stunden später habe ich seinen Chef am Telefon, der sich bei mir für die ganzen Unannehmlichkeiten entschuldigt. Nur zur Erinnerung waren da ja auch noch die Genehmigung der Taxifahrten und das Theater um eine Haushaltshilfe, die mir nicht zustehen sollte. Er werde alles regeln, versichert er mir.

Ich kann gar nicht viel sagen. Die Tränen laufen mir übers Gesicht. Im Moment glaube ich dieser Krankenkasse gar nichts mehr. Ich bin enttäuscht, verunsichert und fühle mich sehr allein gelassen.

Von dieser Frau kann ich noch viel lernen

Mitten in dem Chaos um die OP muss ich zur nächsten Chemo. Hier treffe ich Heidi. Heidi kommt aus Buchholz, das liegt in der Nähe von Hamburg. Ich liebe Hamburg sehr, wollte sogar immer dorthin ziehen. Entweder nach Hamburg oder in den Schwarzwald. Aber nie in die Mitte. Genau dort, wo ich gelandet bin. Ich mag Heidis norddeutschen Dialekt. Wenn ich einen Dialekt höre, macht mir das den dazugehörigen Menschen gleich ein Stück sympathischer. Heidi ist aber nicht hier, um sich das schöne Nordrhein-Westfalen anzusehen. Sie ist hier, weil sie eine neuartige PIPAC-Behandlung erhält. PIPAC, Pressurized Intra Peritoneal Aerosol Chemotherapy, bezeichnet ein Verfahren, bei dem unter Druck eine Chemotherapie verabreicht wird, und das nicht mittels einer Infusion, sondern minimalinvasiv. Dafür werden zwei kleine Einschnitte in die Bauchdecke gemacht, um über eine Mikropumpe das Zytostatikum als feinen Sprühnebel in die Bauchhöhle direkt auf das erkrankte Gewebe zu blasen. Die Wirkstoffe gelangen auf diese Weise viel besser an die Tumore. Zudem sind nur zehn Prozent der üblichen Chemotherapie-Dosis erforderlich. Nebenwirkungen, wie unter der herkömmlichen Chemotherapie, gibt es fast nicht. Natürlich ist das Ganze nicht nebenwirkungsfrei, schließlich ist die Behandlung mit einer Operation verbunden. Und der größte Haken daran, diese Therapie wird nur bei Patienten gemacht, deren Heilungschancen gegen null gehen. Der Krebs kann damit nämlich nicht komplett vernichtet werden. Lediglich der Krankheitsverlauf kann aufgehalten und Schmerzen gelindert werden.

Heidi ist trotz fortgeschrittenem Bauchfellkrebs durch und durch Optimistin. Sie liegt mit einem Darmdurchbruch im Bett, hat eine offene Stelle im Bauch, die täglich versorgt werden muss. Aber sie kämpft. Und sie hat ein Ziel. Sie möchte bald ihr erstes Enkelkind im Arm halten. Das imponiert mir sehr. Meine eigene Operation erscheint mir dagegen mickrig klein. Heidi erzählt mir, dass sie Gärtnerin war. Mit Leib und Seele. Wie schwer muss es ihr da jetzt fallen, im Bett zu liegen. Sie liegt schon seit vier Wochen hier.

Bei meinem nächsten Spaziergang genieße ich die Freiheit, die ich habe, noch mehr und klaue für Heidi, man möge mir das verzeihen, aus einem der Gärten, an denen ich vorbeikomme, eine duftende Rose. Sie freut sich sehr darüber. Von dieser Frau kann ich noch viel lernen.

Später kommt ihr behandelnder Arzt, Professor Reymond, zur Visite. Ein unwahrscheinlich freundlicher und sehr aufgeschlossener Mensch. Zwangsläufig höre ich mit, als die beiden sich unterhalten. Da er genau zwischen unseren Betten steht, kann ich nicht umhin, mich am Gespräch zu beteiligen. Ich weiß, sowas macht man eigentlich nicht. Schließlich kann ich aufstehen und hätte also einfach rausgehen können. Aber weder Heidi noch der Arzt scheinen ein Problem damit zu haben. Im Gegenteil,

Der Duft einer Rose,
es gibt nichts Schöneres.

sie beziehen mich in das Gespräch ein. An meinen Tüchern auf dem Kopf erkennt er wohl, dass ich nicht völlig ahnungslos bin. Mich fasziniert diese Therapie und dass er sie erfunden hat. Professor Reymond kam an diese Klinik, weil ihm hier die Weiterentwicklung seines neuen Verfahrens zur Therapie bei Bauchfellkrebs zugesichert worden ist. Heidi ist begeistert von seinen chirurgischen Fähigkeiten. Mich hingegen fasziniert noch mehr seine Art, mit Patienten umzugehen. Wie er sich Zeit nimmt, ermutigt und tröstet. Woher nimmt er die Kraft dazu? Er behandelt nur unheilbar kranke Menschen, deren Elend er allenfalls lindern kann. Das muss doch furchtbar sein. „Nein“, antwortet er, „das ist es nicht. Sie glauben gar nicht, wie viele Patienten sich Wochen und Monate nach der PIPAC bei mir melden und sich bedanken. Menschen, die von Klinik zu Klinik gelaufen sind, weil ihnen keiner helfen konnte. Dieses Leuchten in ihren Augen. Das allein treibt mich an, lässt mich weiter forschen und erproben.“ Trotz des Gegenwindes, den er auch immer wieder für seine Therapiemethoden erfährt. Ich bin beeindruckt. Ich bin zutiefst beeindruckt. Wie selbstverständlich er auch über den Tod spricht, es annimmt, dass seine Patienten sterben werden. Und dennoch für dieses Stückchen Leben kämpft, das mit seiner Therapiemethode möglich ist. Dafür eintritt, noch ein paar Monate oder auch Jahre lebenswertes Leben zu ermöglichen. Das lässt mich als Patienten nicht alleine mit dieser Angst vor dem Tod. Das nimmt dem Tod die Macht. Überhaupt diese Angst vor dem Tod aussprechen zu dürfen, ohne befürchten zu müssen, dass beschämt auf die Seite geschaut wird. Ich behaupte einfach mal, jeder Patient mit der Diagnose Krebs hat Angst vor dem Tod. Professor Reymonds Art, mit dieser Angst umzugehen, sein Verständnis, das erleichtert, das nimmt den schweren

Druck von den Schultern. Es tut einfach gut, darüber zu reden, denn dieses Thema scheut jeder. Aber genau das macht ihn als Arzt aus. Das macht ihn so authentisch. Die Wertschätzung, die er jedem Patient entgegenbringt. Die mich als Patient spüren lässt, ich bin hier nicht nur ein Fall, ich bin ein Mensch. Ein wertvoller Mensch. Das macht ihn mir als Arzt unwahrscheinlich sympathisch. Und das, obwohl ich nicht mal seine Patientin bin. „Aber woher nehmen Sie diese Kraft?“, wiederhole ich dennoch meine Frage. „Nun aber bleiben Glaube, Hoffnung, Liebe, diese drei; aber die Liebe ist die größte unter ihnen“, zitiert er das Hohelied der Liebe.

Geschwindigkeit freigegeben

Meine Haare werden geschnitten. Ja, wirklich. Es sind aber nicht meine echten Haare, sondern meine Perücke. Sie ist ein bisschen aus der Form geraten, die Locken sind alle weg und so mag ich die nächsten Wochen nicht mehr herumlaufen. Bis ich wieder eine eigene Frisur haben werde, kann es noch ein paar Monate dauern. Deshalb sitze ich bei meinem tollen Perückenmacher und Schneider Nils Rieswick aus Ramsdorf. Das kleine Städtchen Ramsdorf liegt an der Grenze zu Holland, gute 90 Autominuten von uns entfernt. Ich bin die Strecke alleine gefahren. Das hat Spaß gemacht. Vor einigen Jahren haben wir unser Auto, einen Mercedes, meinen Schwiegereltern abgekauft. Mein Schwiegerpapa steht auf schnelle Autos, ich mittlerweile

Darf ich vorstellen: Ich mit Pagenkopf! Überglücklich nach dem Friseurbesuch.

auch. Drinnen sitzend merkt man in dieser Limousine nicht, ob der Tacho 100 oder 180 anzeigt. Das Auto fährt immer gleich ruhig. Ich bin gern allein unterwegs. Dann kann und darf ich fahren, wie ich will. Keiner neben mir, der mir sagt, was ich zu tun habe oder der mit seinem Fuß auf einer imaginären Bremse steht. Nein, ich bin kein Jogi Löw. Obwohl ich den sehr mag, schon weil er auch aus Baden-Württemberg kommt. Ich fahre nur da ein bisschen schnell, wo die Geschwindigkeit freigegeben ist. Das gibt mir ein Gefühl von: Ich kann das! Ich kann während der Chemo alleine für mich sorgen und schaffe auch so eine Strecke.

Ich sitze in Ramsdorf vor dem großen Spiegel und starre meine Haare an. „Die gefallen mir nicht mehr, was können wir tun?", frage ich. Nils überlegt kurz. „Wie würden Sie denn einen Pagenkopf finden?" Ich gucke erstaunt. „Die Perücke kürzen, geht das?" „Klar geht das", antwortet er. Eine Stunde später spaziere ich stolz aus dem Salon. Der Pagenkopf ist ihm richtig gut gelungen. Über WhatsApp verbreite ich meine neue Haarpracht an meinen Mann und meine Brüder. Alle sind begeistert! Das tut gut. Und da spielt es beinahe keine Rolle, dass ich fast keine Augenbrauen und Wimpern mehr habe. Glücklich fahre ich wieder nach Hause und werde nicht geblitzt.

SEPTEMBER

Es geht doch!

Fast geschafft

Letzte Chemo

Es geht doch!

Früh am Morgen klingelt das Telefon. Meine Krankenkasse ist dran. Freundlich teilt mir ein Sachbearbeiter mit, dass meine Operation genehmigt wurde. Ich glaube es nicht. Meine Krankenkasse hat sich gegen das Urteil des medizinischen Dienstes entschieden und stattdessen meine Operation voll und ganz genehmigt. Auf meine Frage, warum, antwortet mir der Sachbearbeiter, dass sie mit der Uniklinik in Köln Rücksprache gehalten hätten und auch die diese Operation befürworten würde. Das habe den Ausschlag gegeben. So hat die Ärztin, die mir bei meinem Besuch in Köln meine Zukunft in den dunkelsten Farben geschildert hat, letztlich doch für mich gesprochen. Ein langer Kampf ist gewonnen. Sofort rufe ich in den Ev. Kliniken in Gelsenkirchen an. Die Sekretärin von Dr. Abdallah, Frau Berns, freut sich mit mir. Ich verspreche, dass ich die Genehmigung, sobald ich sie in Händen halte, sofort an sie weiterschicken werde. Was für eine große Erleichterung. Endlich kann ein Termin für die Operation vereinbart werden.

Das ist schon komisch, ich freue mich tatsächlich über eine Operation. Hätte mir das jemand vor einem Jahr erzählt, hätte ich ihn für verrückt erklärt.

*

Wieder fahren mein Mann und ich zur Uniklinik nach Köln. Das Ergebnis der Gentestanalyse ist da. Der Termin ist um 11 Uhr und ich bin mal wieder sehr aufgeregt. Tausend Gedanken wirbeln durch meinen Kopf. Was mache ich, wenn dieser Test positiv ausfällt? Dann haben meine beiden Mädels keine ruhige Minute mehr und ich erst recht nicht! Oh lieber Gott, bitte lass wenigstens das nicht so sein. Wieder sitzen mein Mann und ich der Ärztin gegenüber, die mich bei unserem ersten Besuch so schockiert hat. Diesmal ist sie die Freundlichkeit in Person und entschuldigt sich sogar für ihre Äußerungen, die sie doch gar nicht so gemeint hätte. „Doch", sage ich, „Sie haben es so gemeint, und ich habe es auch so verstanden. Aber deshalb sind wir ja heute nicht hier." „Nun", antwortet sie daraufhin kurz angebunden, „ich kann Ihnen mitteilen, dass bei Ihnen keine Genveränderungen gefunden wurden." Ein Steinkoloss rutscht von meinem Herzen. Danke, danke, danke. Erleichtert verlassen wir nach kurzer Zeit die Uniklinik. Auch mein Mann ist froh und dankbar über dieses Ergebnis.

Fast geschafft

Ich habe einen Termin bei meiner Psychoonkologin. Heute nehmen wir meine Narkosepanik in Angriff. Narkosen sind ein großes Problem für mich. Dem wenden wir uns mit einer weiteren Hypnose-Übung zu. Ich bin sehr gespannt. Meine Psychoonkologin lässt mich Platz nehmen und ich falle in den gemütlichen Sessel, schließe artig meine Augen und höre ihr zu. Sie beginnt mit dem Weg zu meinem Lieblingsplatz, meinem Ruheort. Den kenne ich inzwischen auswendig. Ich ruhe mich ein bisschen aus, lasse meinen Blick nach links und rechts schweifen, habe eine nette Unterhaltung. Nun bittet mich meine Psychoonkologin, mir einen Tag vorzustellen, der nach der Operation liegt. Ich soll mich erinnern, wie ich in der Klinik angekommen bin, zur Anmeldung gehe, mein Zimmer bekomme. Mich daran erinnern, dass die Ärzte gute Gespräche mit mir geführt haben und die Schwestern und Pfleger liebevoll für mich da waren. Dann kommt der Moment, in dem ich in den OP geschoben werde. Dabei soll ich mir immer wieder in Erinnerung rufen, dass alles gut laufen wird. Alle werden sich unendlich viel Mühe geben. Mein Vertrauen in die Ärzte wird belohnt werden. Danach soll ich mich an den Aufwachraum erinnern. Daran, wie ich zurück in mein Zimmer geschoben werde, die Ärzte kommen und mir sagen, dass alles gut verlaufen ist. Ich soll mich an das Gefühl erinnern, es geschafft zu haben. Jetzt kann die Heilung beginnen. Das Leben hat mich wieder.

Sie geht diesen Text mit mir durch und mir gelingt es wirklich, Bilder zu den Worten zu entwickeln. Früher bin ich schon in Panik ausgebrochen, wenn jemand nur das Wort Narkose erwähnt hat. Jetzt im Sessel meiner Psychoonkologin spüre ich überhaupt keine Angst. Im Gegenteil, ich bin voller Zuversicht, voller Hoffnung. Das ist ein schönes Gefühl! Es versetzt mich in Hochstimmung.

Da ist es mir schon fast egal, dass ich zwei Stunden später wieder an der Chemo hänge. Für die gibt es nur ein Motto: Augen zu und durch. Einfach durch. Auch das kann ich jetzt leichter sagen. Ich habe ja nur noch zwei Behandlungen vor mir. Unglaublich, in zwei Wochen habe ich meine Chemotherapie geschafft!

Beim letzten Mal wurde ich gefragt, was ich mir zur Belohnung schenken würde, wenn ich die Chemo überstanden habe. „Keine Ahnung", lautete mein erster Kommentar. „Das geht nicht", bekam ich zur Antwort. Und seitdem arbeitet es in mir. Ich träume vom Reisen. Erinnerungen an meine erste Belohnung kommen hoch. Damals, 1991, war ich nach meiner Chemo zwei Wochen nach Amerika geflogen. Das Ganze hatte ich meiner Mutter zu verdanken. Sie war 1990 auf einem Elternabend der Onkologie, bei dem ein einzigartiges Projekt vorgestellt wurde. Sechs Jugendliche des Olgäles, meiner Kinderklinik, durften für zwei Wochen in das Camp „Good Days and Special Times" nach Toronto fliegen. Die Kosten wurden vom Förderkreis krebskranker Kinder übernommen, die Flüge spendete die Lufthansa. Meine Mutter meldete mich sofort an, obwohl ich zu diesem Zeitpunkt noch in der Therapie stand. Doch der Aufenthalt sollte erst im darauffolgenden Jahr stattfinden. Im Sommer 1991 war es dann so weit. Ich konnte es kaum glauben. Zum ersten Mal in meinem Leben betrat ich ein Flugzeug. Mit mir reisten fünf Jugendliche und zwei Betreuer (Ralf und Doro, unser psychosoziales Team aus der Klinik) in das Camp. Dieses Camp war eine Art Kureinrichtung für krebskranke Kinder. Entstanden ist es durch einen Vater, der selbst eine krebskranke Tochter hatte. Der fand es furchtbar, dass seine Tochter während der Chemotherapie niemanden zum Spielen und zum Reden hatte. Während einer Chemotherapie ist man sehr infektanfällig und kann daher kaum Besuch bekommen. So hatte dieser Mann die Idee, Kinder mit derselben Krankheit zusammenzubringen, damit sie sich gegenseitig Gesellschaft leisten können. Die in Behandlung befindlichen Kinder und Jugendliche hatten ja in der Regel keine Erkältung.

Ich trat die Reise mit Simi und Doro an. Beide hatte ich während meiner Therapie im Krankenhaus kennengelernt, mit Doro war ich auch schon zur Kur. Simone, genannt Simi, war mir während des letzten Jahres eine gute Freundin geworden. Wir Mädels kannten uns also. Die drei Jungs waren Daniel, Sebastian und Sigi, der zukünftige Mann meiner Freundin Tanja. Aber das wussten wir zu diesem Zeitpunkt noch nicht. Das Camp befindet sich im Staat New York, südlich von Rochester direkt am Keuka Lake. Hier verbrachte ich die bis dato aufregendste Woche meines Lebens. Das Camp war aufgeteilt in kleine Häuschen, die sich kabin nennen. Jungs und Mädchen schlafen hier streng voneinander getrennt. In den kabins standen schlichte Feldbetten; da es keine Schränke gab, lebten wir aus dem Koffer. Gegessen wurde in einem großen Zelt oder einem Haus, das zum Camp gehört. Auf dem Gelände gab es einen Kletterpark, eine große Lagerfeuerstelle, einen Spielplatz, einen Anlegeplatz für Boote und einen Pool. Einmal durften wir mit Paddelbooten zu einer Overnight aufbrechen. Simi, Doro und ich in einem Boot. Wir waren alle noch nie zuvor in einem Paddelboot gesessen und schlingerten im Zickzack über den See, bis uns klar wurde, wie wir unsere Kräfte gleichmäßiger einsetzen könnten. Am Ziel angekommen, durften wir mit Pfeil und Bogen schießen. Später wurde ein Lagerfeuer angezündet und gegrillt. Zum Schlafen legten wir uns einfach im Schlafsack in eine leere Holzhütte. Keine Ahnung, ob es dort gefährliche Spinnen oder Schlangen gab. Die Nacht war ohnehin kurz.

Am nächsten Tag kurierten wir unseren Muskelkater und flogen mit einem Wasserflugzug über das Camp. Danach war es mit gemütlich vorbei. Am Folgetag sollten wir auf einem Seil in acht Meter Höhe balancieren. Ich hatte bisher nie Höhenangst. Aber als ich da stand, hatte ich sie. Dagegen war Baseballspielen eine Kleinigkeit, ebenso wie Karaoke singen. Die Tage vergingen so schnell und füllten mich mit einer ungeahnten Leichtigkeit. Hier traute ich mir einfach alles zu. Wir fuhren Jetski auf dem Keuka Lake und aßen Hamburger, Eis und Würstchen zum Frühstück. In der zweiten Woche brachen wir zu einer Rundreise auf. Zuerst wurden wir in ein Nobelhotel nach Buffalo gebracht. Wir jedoch gingen als Erstes zu Mc Donalds.

Am nächsten Tag fuhren wir weiter in einen Freizeitpark in Rochester und ins Sea Life. Dort durfte Simi einen Killerwal küssen und abends waren wir Ehrengäste auf der Party eines Senators. Wir bestaunten die Niagarafälle und durften im angrenzenden Turm ein feudales Abendessen mit Blick auf die Fälle genießen. Wir besuchten das Footballstation der Buffalo Bills, sahen ein Autorennen, fuhren zum Ontario Lake und in einen weiteren Freizeitpark, das Marine Land. Den krönenden Abschluss fand die Reise im CN Tower und im Hard Rock Café in Toronto.

Diese zwei Wochen haben damals mein Leben verändert. Es war, als wäre ich plötzlich zum Leben erweckt worden. Ich war plötzlich wieder mehr als nur krank.

Als wir aus Toronto zurückflogen, waren wir uns alle einig, dass dieses Erlebnis mehr krebskranke Kinder und Jugendliche bekommen müssen. So viel war mit uns in so kurzer Zeit passiert. Ich habe Dinge getan, die ich mir nie zugetraut hätte. Wir waren alle so begeistert, motiviert und glücklich. Genau so etwas brauchten wir auch in Deutschland. Und so wurde schließlich Prima Klima gegründet, eine Freizeit von krebskranken Jugendlichen für krebskranke Kinder in Zusammenarbeit mit dem psychoonkologischen Team des Olgäles. In zwei Jahren wird Prima Klima 25 Jahre alt. Ich durfte es mit begründen und sechs Jahre lang mit betreuen.

Aber jetzt, welche Wünsche habe ich jetzt? Zuerst einmal gesund werden, die Operation gut überstehen. Nicht bestrahlt werden. Reisen will ich. Nach Irland, Norwegen und Mallorca. Und ich will wieder beim Jugendgottesdienst mitarbeiten können. Ganz wichtig: Kiten lernen! Zur Reha will ich fahren. Meine Wunschliste ist kein Vergleich zu Amerika, aber immerhin, es ist eine.

Ich erinnere mich an einen großen Wunsch, den mir der Verein „Herzenswünsche" erfüllt hat. Drei Jahre nach meiner Therapie 1990 wandte sich der Verein unverhofft an mich und man bot mir an, einen Herzenswunsch zu erfüllen, damit ich weiterhin voller Optimismus in die Zukunft starten könnte. Die Erfüllung solcher Wünsche setzt neue Kräfte frei. Zu diesem Zeitpunkt war ich ein großer Fan der Fernsehserie „Traumschiff" und mein Traum war es, einmal auf so ein Kreuzfahrtschiff zu kommen. Ich wollte mit eigenen Augen sehen, ob es dort wirklich so war, wie im Fernsehen gezeigt wurde. Herzenswünsche erfüllte mir diesen Wunsch. Zusammen mit meiner Freundin Tanja durfte ich Erster Klasse im Zug nach Kiel fahren. Dort wurden wir im Maritim Hotel direkt an der Kieler Förde einquartiert. So ein schönes Hotel hatte ich bis dahin noch nie betreten. Die Preise für ein Zimmer sprengten meine Vorstellungen. Hier schliefen wir, bevor wir am nächsten Tag auf der „MS Astor" empfangen wurden. Einen Tag lang durften wir überall auf dem riesigen Schiff herumlaufen, die Zimmer angucken, die mir durchs Fernsehen so bekannt vorkamen. Es war toll, hier selbst einmal zu stehen. Am liebsten wäre ich auf dem Schiff geblieben und hätte eine Tour mitgemacht. Draußen an der Reling stehen und den Fahrtwind im Gesicht spüren, abends schön dinieren. Irgendwann werde ich das tun!

An diesem Tag wurde extra für uns der Speiseraum geöffnet, und wir bekamen ein Drei-Gänge-Menü serviert. Die Kellner bedienten uns genauso freundlich und zuvorkommend wie im „Traumschiff". Ein wunderschönes Erlebnis, für das ich dem Verein „Herzenswünsche" noch heute danke. Und jedes Mal, wenn wieder Traumschiff im Fernsehen läuft, sitze ich auf dem Sofa und denke, da bin ich auch schon gewesen! Obwohl die Schiffe längst nicht mehr die gleichen sind wie 1993, ist mir die Freude an der Serie geblieben.

Träume, die durch das Zutun anderer Menschen erfüllt werden, sind etwas Besonderes. Das lässt uns an das Gute glauben. Wir fühlen uns angenommen und umsorgt. Ich denke oft, das fehlt älteren Menschen. Sie fühlen sich manchmal abgeschoben und überflüssig, wo sie doch so sehr Zuwendung benötigen. Altersarmut, Einsamkeit möchte niemand hören. Jung, dynamisch, erfolgreich – das hört sich doch viel besser an. Deshalb brennt mein Herz so sehr für die Seniorenwohngemeinschaft. Es ist mein Herzenswunsch, eine zu gründen.

Letzte Chemo

Die Vögel zwitschern ein fröhliches Morgenlied. So als wüssten sie ganz genau, worum es heute geht. Heute ist der Tag der letzten Chemo. Heute hänge ich zum letzten Mal am Tropf, lasse mich zum letzten Mal vom Fenistil weghauen. Zum letzten Mal dieses blöde Gefühl, was dieses Gift in meinem Körper alles anrichtet. Aber es wird auch das letzte Mal sein, dass ich die liebenswürdigen Schwestern und Pfleger von Station 7 sehe, adieu Beate, Heidi, Anja, Sabrina, Uwe und Alexander.

Christiane kommt vorbei und bringt mir zu meiner letzten Chemo eine Rose. Sie hat sich tatsächlich auf den Weg gemacht, um mich an diesem Tag zu sehen. Ich nehme sie in den Arm, ihre Chemo geht noch ein paar Wochen. Dann wird auch sie es geschafft haben. Ich habe einen Termin bei meiner Psychoonkologin. Wir machen noch einmal die Übung für meine Operation. Diesmal nehme ich sie auf meinem Smartphone auf. So kann ich sie mir immer und jederzeit anhören.

Zum letzten Mal breche ich auf zu einem Spaziergang durch die Herner Wiesen und Wälder und besuche dabei meine Kirche, die wie immer für mich geöffnet ist. Zum letzten Mal sitze ich auf meiner Bank im Klinikpark. Zum letzten Mal ist Visite. Über den Tag verteilt kommen alle vorbei, um sich von mir persönlich zu verabschieden: Frau Dr. Malin, Frau Dr. Marsell, Professor Strumberg. Ich muss schlucken. Diese Menschen werden mir fehlen.

Ich habe Abschlussuntersuchung. Es ist alles in Ordnung. Meinen Organen geht es gut. Mein Arzt geht sogar so weit, zu behaupten, er könne gar nicht glauben, dass dieser Körper gerade eine sechsmonatige Chemotherapie hinter sich habe. Das fühlt sich gut an. Ich wachse innerlich drei Meter. Einziger Wermutstropfen: Ich werde irgendwann mit der Langzeittherapie der Hormontablette Tamoxifen beginnen müssen. Doch das schiebe ich jetzt ganz weit weg von mir. Lieber stehe ich vor dem Spiegel und sehe mir meine Haare an, die langsam nachwachsen und einen Flaum auf meinem Kopf bilden. Bald werde ich die Perücke nicht mehr brauchen. Und ich freue mich darüber, dass mein Körper die Therapie so gut überstanden hat. Es ist geschafft! Geschafft! Ich hab durchgehalten. Sechs Monate, 24 Wochen, 168 Tage. Überstanden!

Ich lasse mich im Taxi nach Hause fahren. Der Fahrer freut sich mit mir, als ich ihm erzähle, dass dies meine letzte Chemo war, und ich merke, dass mir sogar diese Taxifahrer irgendwie ans Herz gewachsen sind. Dass sogar die Fahrten zu einer vertrauten Konstante geworden sind.

Über WhatsApp posaune ich das Ende meiner Chemotherapie an alle meine Freunde und erhalte im Sekundentakt Glückwünsche. So viele Leute, die die ganze Zeit neben mir ausgeharrt haben. Das ist wirklich ein Geschenk. Doch bevor ich so richtig rührselig werden kann, sind wir schon da. Zu Hause empfängt mich meine Familie. Sie haben alle zusammen ein Willkommensschild für mich gebastelt. Luftballons aufgeblasen und Kärtchen geschrieben, die an einem langen Band befestigt im Flur baumeln. Auf den Kärtchen steht: Endlich bist du wieder da! Wir sind immer für dich da! Hab dich lieb! Ich wünsche dir viel Kraft und Gesundheit! Eine große Hürde ist geschafft! Du hast dich super gehalten! Bis jetzt schon. Doch in diesem Moment tropfen mir die Tränen aus den Augen. Ist das schön!

In ein paar Stunden werden wir alle zusammen zu einer Gemeindefreizeit aufbrechen. Noch vor wenigen Tage habe ich überlegt, ob das wirklich eine gute Idee ist, so kurz nach der Chemo. Wieder werden alle auf mich Rücksicht nehmen müssen und dort sind wir ja nicht nur allein. Dann kam mir Sylt in den Sinn. Ich habe Lust auf diese Freizeit und kann doch sagen, wann es mir zu viel wird. Was spricht dagegen, mich mal zurückzuziehen? Nichts. Wir kommen für ein Wochenende raus, müssen nichts kochen, haben die Chance auf nette Gespräche, auf Lachen und Spaß.

Auf die innere Stimme hören. Das, was ich mir während der Therapie so mühsam angeeignet habe, gilt auch jetzt. Weg von diesem „Es wäre gut, wenn", ade du sinnlose Vernunft und Erwartungshaltung. Ob ich das in Zukunft hinbekomme? Oder renne ich Montag schon wieder los und versuche, allem gerecht zu werden? Nein, ich will nicht zu Hause sitzen und nichts machen. Aber ich will Lücken im System. Kleine Freiheiten, die nach meinem Belieben gefüllt werden dürfen. Ich bin sehr gespannt, wie es weitergeht. Aber zu wissen, dass es weitergeht, ist das Allerwichtigste.

EIN JAHR SPÄTER

* * *

Deutschland ist Fußballweltmeister! Ich bin ein großer Fan der Nationalmannschaft. Vor allem von Trainer Jogi Löw. Ich finde das Gemeinschaftsgefühl, das er in diese Mannschaft getragen hat, großartig. Das gibt es viel zu selten und ich freue mich, dass Jogi Löw und seine Nationalmannschaft allen zeigen konnten, wie es geht. Gemeinsam kann man so viel erreichen. Das wünsche ich mir auch für meine Seniorenwohngemeinschaft. Doch noch habe ich Urlaub und schwelge im Freudentaumel dieser gewonnenen WM. Alles ist Schwarz, Rot, Gold, alle sind noch immer in Feierlaune. Das tut gut. Ich schwebe einfach mit. So oft muss ich daran denken, wie es mir im letzten Jahr zu dieser Zeit ging. Da lag ich in der Klinik und bekam Chemo. Auf so vieles habe nicht nur ich, sondern meine ganze Familie im letzten Jahr verzichten müssen. Aber nun holen wir alles nach. Wir haben drei Wochen Urlaub gebucht. Eine Woche Ostsee, zwei Wochen Nordsee. Und das Wetter ist uns hold.

Unsere erste Station ist die Ostsee. Zusammen mit meinem Kitelehrer Niklas fahren wir von unserem Urlaubsort Dahme auf die Insel Fehmarn. Ich habe gleich meine erste Kitestunde. Auf Fehmarn sind die Bedingungen zum Kiten ideal. Deshalb werde ich hier zusammen mit meiner Tochter Sarah einen Kurs machen.

Zum ersten Mal stehe ich im Wasser und halte diesen riesigen Drachen über mir in der Luft. Ich habe furchtbare Angst, aber Niklas ist ein toller Lehrer und holt mir

Ich darf das Kitesegel halten, das fühlt sich gut an.

meinen abgestürzten Drachen, immer und immer wieder, aus dem Wasser. Geduldig erklärt er mir, wie ich die Lenkstange, die Bar, zu bedienen habe. Er hängt sich an mich, damit der Schirm mich nicht meterweit durch das Wasser oder die Luft reißt. Sich ein bisschen durchs Wasser ziehen zu lassen, macht Spaß. Ganz langsam bekomme ich auf diese Art eine Ahnung davon, wie es sich anfühlen kann.

Niklas ist achtzehn Jahre alt und macht in einem Jahr sein Abitur. Danach möchte er Medizin studieren, um Arzt zu werden wie seine Eltern. Am liebsten möchte er in

Kiel studieren, weil er da nebenbei als Kitelehrer jobben könnte. So bin ich sogar beim Kiten in fast medizinische Hände geraten.

Der Kurs dauert drei Tage und bringt mich oft an meine körperlichen Grenzen. Doch ich bleibe eisern. Ich will das lernen. Also mache ich eben Pausen, sammle neue Kräfte und schaue dabei den anderen Kitern zu. Allein die so gekonnt durchs Wasser rasen zu sehen, motiviert mich. Das sieht so toll aus, ich will das einfach auch können.

Stundenlang harrt mein Sohn Marvin in der kalten Nordsee aus, bis er mich endlich diese paar Meter von mir auf dem Kite fotografiert! Danke, Marvin!!

Langsam mache ich Fortschritte. Endlich traue ich mich, allein mit meinem Kite im Wasser zu stehen. Ich lasse ihn durch die Luft wirbeln. Einmal wagt Niklas es, mich mit dem Brett unter den Füßen loszulassen. Ich fliege meterweit durch die Luft und lande schließlich mit einem Knall auf meinen Implantaten. Ein Schreckmoment. Sofort war sie wieder da, die alte Angst. Wie kann ich nur so was Dummes machen? Ich darf das doch eigentlich gar nicht. Was, wenn die Implantate reißen? Was, wenn sie jetzt schon gerissen sind?

Nein, nein, nein! Ich lasse mir von dieser Angst gar nichts mehr vorschreiben. Ich werde ganz einfach weiter üben. Und plötzlich habe ich mal wieder das Gefühl, dass Gott mir zulächelt und dabei sogar ein bisschen nickt. Mach weiter, Simone. Lebe deinen Traum.

Eine Woche später, wir sind inzwischen auf Sylt, fahre ich meine ersten Meter auf dem Wasser und trage dabei eine Aufprallschutzweste. Dadurch sind die Implantate gut geschützt. Schade, dass ich da nicht schon früher darauf kam, das hätte mir viel Angst erspart. Hier fahre ich meine ersten Meter mit Board auf dem Wasser: ein unbeschreibliches Gefühl. In diesem Moment, halb fliegend auf dem Wasser, kann ich die ganze Therapie abschließen. Jetzt spüre ich, dass ich es tatsächlich geschafft habe.

Ich kann kiten und ich lebe!

NACHWORT

Eigentlich wollte ich es gar nicht haben, das letzte Wort. Aber nun ist es mir zugeflogen. Genauso wie dieses Buch. Es begann mit einer harmlosen Einladung zum Frühstück, bei der mir zwischen Tee und Brötchen Nummer zwei die Idee zu diesem Buch serviert wurde. Nein, der Bissen blieb mir nicht im Halse stecken, denn ich war praktisch sofort davon überzeugt, dass aus dieser Idee etwas werden muss. Diese Geschichte wollte erzählt werden, da war ich mir sicher – auch wenn es Arbeit bedeuten würde.

So machten wir uns ans Werk. Simone schrieb und ich überarbeitete. Zwischendurch gab's wieder mal Frühstück oder Simone schob den Kinderwagen mit meinem Jüngsten, damit ich weitermachen konnte. Denn das wollte ich unbedingt.

Schon mit dem ersten Kapitel hatte mich die Geschichte gepackt. Ich wollte mehr. Sie machte es mir leicht, einzutauchen. Ich verbrachte einen Sonntag auf Sylt, einen Montagabend und die darauffolgende Nacht im Chemo-Kollaps. Vor allem aber fühlte und fühle ich mich beschenkt. Beschenkt für das große Vertrauen, das Simone in mich hatte, und dafür, dass ich diesem Buch mit in die sprichwörtlichen Latschen helfen durfte.

Bis zu diesem Zeitpunkt hatte ich nur gewusst, dass Simone zum dritten Mal an Krebs erkrankt war und eine scheinbar endlos lange Chemo durchmachen musste. In dieser Zeit haben wir uns sonntags hin und wieder in der Kirche getroffen. Manchmal sah sie blass und müde aus und es dauerte eine ganze Weile, bis ich realisierte, dass sie eine Perücke trug. Immer aber war ich beeindruckt davon, wie sie mit ihrer Krankheit umging. Chemo, na ja, die schaff ich schon, ich weiß ja, was da auf mich zukommt. Fast schäme ich mich, darauf reingefallen zu sein. Nicht besser wahrgenommen zu haben, welche Anstrengung hinter diesen Worten steckte. Nicht gesehen zu haben, dass dies ein guter Tag war, dem viele nicht so gute vorangegangen sind. Denn an den gar nicht guten Tagen muss man im Bett liegen bleiben und schafft es gar nicht, sich unter Menschen zu mischen. Vielleicht habe ich aber doch etwas gespürt. Und das ist Simones großer Optimismus, der durch alles Leid immer wieder durchgeblitzt ist und mich hat ahnen lassen, dass hier jemand aus einer tiefen Glaubensquelle schöpft.

Fast zeitgleich als ich meinen vierten Sohn bekam, wurden Simone ihre beiden Brüste abgenommen. Noch am Tag, bevor sie ins Krankenhaus ging, stand sie am Spätnachmittag unverhofft vor meiner Tür, um mir ein kleines Geschenk für Johann zu bringen. Ein Lätzchen aus Westfalenstoffen, das sie, als sie zu einem Termin an der Uniklinik in Münster war, dort besorgt hatte. Ich war zu

Tränen gerührt. Denn schon da ist mir bewusst geworden, wie wichtig und wertvoll es ist, im größten eigenen Elend die Verbindung zu anderen Menschen zu halten.
Julia Fiedler

Julia Fiedler, geboren 1975, lebt mit ihrem Mann und ihren vier Söhnen in Gevelsberg. Nach ihrem Studium der Theaterwissenschaften, Germanistik und Wirtschaftswissenschaften an der Ruhr-Universität Bochum und dem Fernstudium „Literarisches Schreiben" an der Cornelia Goethe Akademie in Frankfurt am Main, arbeitet sie zur Hälfte als freie Journalistin und zur anderen Hälfte in der Öffentlichkeitsarbeit des Diakoniewerks Essen. Zeit, die sie darüber hinaus noch erübrigen kann, steckt sie gern in ihre ehrenamtliche Mitarbeit im Presbyterium ihrer Heimatgemeinde.

Infusomaten sind elektrische Infusionspumpen, die eine sichere intravenöse Zufuhr von flüssigen Medikamenten oder Lösungen zur parenteralen Ernährung über längere Zeiträume ermöglichen. In der Praxis wird häufig statt Infusionspumpe die Bezeichnung Infusomat® (dem Markennamen der Firma B. Braun Melsungen AG für deren Infusionspumpen) im selben Sinn verwendet.

Stanzbiopsie: Mit einem Stanzgerät wird unter Ultraschallsicht eine Stanz-Nadel mit hoher Geschwindigkeit durch den Tumor „geschossen". Durch die hohe Geschwindigkeit kann kein Schmerz entstehen. Es müssen mindestens drei Stanzbiopsien, mit Ultraschall kontrolliert, sicher aus dem Tumor gewonnen werden.

Brustkrebs bei jungen Frauen nach Therapie eines Hodgkin-Lymphoms im Kindes- und Jugendalter: Eine Beobachtungsstudie mit bis zu 33 Jahren Follow-up. Dtsch Arztebl Int 2014; 111(1-2): 3-9; DOI: 10.3238/arztebl.2014.0003. Schellong, Günther; Riepenhausen, Marianne; Ehlert, Karoline; Brämswig, Jürgen; Dörffel, Wolfgang; Schmutzler, Rita K.; Rhiem, Kerstin; Bick, Ulrich

EC-Protokoll: Das EC-Schema bedeutet, dass die Behandlung vier Mal alle 21 Tage erfolgt.

PIPAC: Druckchemotherapie gegen Bauchfellkrebs/Eierstockkrebs am Marien Hospital Herne – Universitätsklinikum der Ruhr-Universität Bochum unter der Leitung von Professor Reymond. Mehr Informationen:
www.marienhospital-herne.de
Stichwort: Bauchfellkrebs

Prima Klima: Dies ist eine Freizeit für krebskranke Kinder des Olgahospitales, „Olgäle", in Stuttgart. Die Freizeit wird neben Hauptamtlichen vom Klinikum Stuttgart – Olgahospital (Psychosozialer Dienst, Krankenschwestern und möglichst ein Arzt/eine Ärztin) auch von ehrenamtlichen jungen Leuten betreut, die selbst einmal in Behandlung und teilweise früher auch selbst Teilnehmer von Prima Klima waren. Für diese fünf Tage gibt es ein halbes Jahr vor der Freizeit ein Vorbereitungstreffen in dem zukünftigen Freizeithaus. Danach finden unzählige Vorbereitungstreffen der einzelnen Gruppen statt. Die Freizeit steht in jedem Jahr unter einem anderen Motto und dazu wird sich dann etwas ausgedacht. Die Organisation geschieht größtenteils ehrenamtlich. Mehr Informationen: www.freizeit-primaklima.de

DANKESCHÖN!

Das erste Dankeschön geht an meine Mutter Heidrun Schäfer und an meine Tante Hildegard Dais. Die beiden haben mich überhaupt erst auf die Idee gebracht, meine Geschichte in einem Buch zu verfassen.
Danke an Hape Kerkeling. Er hat mir mit seinem Buch „Ich bin dann mal weg" die Vorlage für mein Buch geliefert. Die Mischung aus berührendem Tagebuch, ehrlichen Gefühlen, Gedanken, Lebensrückblicken, eine gute Prise Humor und herrliche Erzählungen über Menschen und Landschaft faszinierte mich. Ein sehr mutiges Buch.
Meine tiefste Wertschätzung gilt Julia Fiedler. Wäre sie nicht gewesen, hätte ich mich nie an dieses Projekt gewagt. Sie war, noch bevor das erste Wort geschrieben wurde, begeistert von diesem Buch. Sie hat es mit mir zusammen geschrieben, jedes einzelne Wort. Oft kam sie dabei an ihre Grenzen. Sie hatte einen Säugling und drei größere Kinder zu versorgen – und doch nahm sie sich immer wieder Zeit, mein Buch zu bearbeiten. Es hat mir unheimlich gut getan, mit ihr zusammen mein Leben aufzuschreiben, alles Revue passieren zu lassen, so dass ich nicht allein durch musste.

Vielen, vielen Dank an meine langjährige, wunderbare Freundin Tanja für ihr Vorwort. Diese Freundschaft ist so etwas Besonderes. Danke, dass du bist, wie du bist!
Ein großes Dankeschön an meine herzliche, geduldige und weitsichtige Lektorin Elke Rutzenhöfer. Sie kümmerte sich um die Vielzahl meiner Fragen und gab diesem Buch eine Zukunft. Danke auch an die liebenswürdige Constanze Grimm. Es hat Spaß gemacht, Bilder mit ihr auszutauschen und das Layout des Buches zu besprechen. Danke an den Verlag und das ganze edition chrismon-Team, ich fühle mich sehr wohl bei euch.
Danke an meine mutigen Erstleser: meine Eltern Heidrun und Manfred, mein Bruder Daniel und meine Freundin Tanja. Ihre Begeisterung steckte mich an und ließ mich weiterschreiben.
Danke an zwei großartige Kliniken, die mich während meiner Krankheit so wunderbar betreut haben. Die vielen liebevollen Pflegekräfte, die einfach auch nur mal ein freundliches Wort für mich hatten und somit meinen Alltag während der Therapie leichter machten. Meine Ärzte, die mich nie mit meiner Angst alleine ließen. Egal ob meine Frauenärztin, mein Hausarzt, die Klinikärzte – ich hatte immer das Gefühl, alle ziehen an einem Strang, um mich da so gut wie möglich durchzubringen. Danke an meine Psychoonkologin in der Klinik in Herne und an meine Psychologin Frau Jock. Sie beide an meiner Seite zu wissen, hat meiner Seele sehr gut getan.

Dankeschön an die vielen Ärzte, die ich namentlich in meinem Buch nennen darf. Danke für dieses große Vertrauen, das Sie mir entgegengebracht haben. Das werde ich immer im Herzen bewahren.
Es hat mich sehr glücklich gemacht, dass Ärzte, die ich nach 25 Jahren angeschrieben habe, sich tatsächlich noch an mich erinnern konnten. Viele treue Begleiter auch aus meiner Kinderklinik, dem Olgäle (mittlerweile Klinikum Stuttgart) und von der Freizeit Prima Klima.
Ein großes herzliches Dankeschön an Professor Schellong, der mich seit über 25 Jahren treu in seiner Langzeitstudie begleitet, motiviert, tröstet und immer für mich da ist.
Für mich ist es nach wie vor ein unbeschreibliches wunderbares Gefühl, dass alle diese Ärzte so hinter mir stehen, sich so sehr für mich und auch dieses Buch engagiert haben.
Einen ganz besonderen Dank möchte ich Professor Strumberg aussprechen. Danke, dass Sie mir in so einer schweren Zeit so viel Halt, Stärke und Mut vermitteln konnten. Mich immer wieder daran glauben ließen, dass es ein Leben nach dieser Therapie gibt und dass es ein gutes Leben sein wird. Sie haben recht behalten!
Meine vielen lieben, wunderbaren Freunde. Ihr alle, jede und jeder Einzelne von euch, ihr seid so wichtig für mich. Lieber/Liebe Tanja, Sigi, Ulrike, Silke, Kathrin, Jens, Sabine, Christoph, Anja, Andrea, Stephan, Jojo, Yvonne, Dirk, Ralf, Beate, Miriam, Thomas, Katrin, Sylvia, Hanne, Christine, Lydia, Debbie, Christiane, Karin, Nicole, Thomas,

Susanne, Manuela, Ariane, Doris, Kurt, Anne, Karl-Heinz, Petra, Alice, Norbert, Erna, Antje, Peter, Lisa, Luca, Hanni, Betti, Nico, Mandy, Josi, Cordula und Ina. Ein riesengroßes Dankeschön an dich, dass du mich in dieser schweren Zeit getragen hast, dich um mich gesorgt hast und für mich da warst. Ich drücke dich ganz fest.
Danke an Nicole Melzer für das tolle Titelbild. Danke an Nicole Miessner für deine treuen Fahrdienste und dass ich einfach wissen durfte, dass meine Kinder gut bei dir im Notfall aufgehoben sind. Danke Kathrin Stein, für deine unzähligen Hilfen.
Danke an die Gemeinde der Lukaskirche in Gevelsberg und die Gemeinde in Bürg bei Winnenden. Danke für die vielen, vielen Gebete, die ihr alle für mich ausgesprochen habt.
Ein Hoch auf meine Brüder Markus und Daniel. Sie haben mir so oft und so nahe zur Seite gestanden während dieser ganzen Therapie. Einfach ihre Stimme am Telefon zu hören oder am Bildtelefon ihnen fast gegenüberzusitzen, das tat so gut. Dabei haben sie mich auch aus so manchem Tief herausgelacht. Auch meinen Schwägerinnen Heike und Ulrike ein liebes Dankeschön. Liebe Heike, du hast endlose Stunden mit mir über WhatsApp kommuniziert. Das hat mir so unendlich gut getan.
Merci an meine große Verwandtschaft fürs Dasein, fürs Zuhören, fürs Mithelfen. Danke an Silke Post-Heintze, die für Marvin einen tollen Sylturlaub organisierte. Danke an Antje und Michael Nieder und ihre Familie, die so treu für

uns sorgten. Danke, Katja Baysal, dass du mir die Spritzen gesetzt hast. Danke liebe Ingrid Heintze, dass du trotz deiner schweren Zeit auch für uns da warst. Dass du meinem Mann Arnd eine große Stütze warst und unseren Kindern.
Meine geliebten Kinder: Marvin, Sarah und Theresa. Euch gilt mein aller-allergrößter Dank. Danke, dass ihr immer versucht habt, das Leben weiterzuleben. Dass ihr euch habt nicht unterkriegen lassen. Danke, dass ihr so seid, wie ihr seid! Ihr habt mir viel Mut und Zuversicht geschenkt einfach nur dadurch, dass ihr da seid.
Danke Arnd, dass du diese schweren Monate mit durchgestanden hast. Beide brauchen wir nun Zeit, um das zu verarbeiten. Um wieder mutig in die Zukunft zu starten und uns neu zu finden.
Wir schaffen das!
Danke an Sie, liebe Leserinnen und lieber Leser, dass Sie mich mit diesem Buch in Ihr Leben gelassen haben. Vielleicht für Stunden, Tage oder Monate. Vielleicht um wieder neuen Lebensmut zu fassen, um sich trösten zu lassen oder einfach weil Sie wissen wollten, was mich bewegt.
Danke, es ist mir eine große Ehre!
Danke, dass Sie meinen großen Herzenswunsch unterstützen, eine Stiftung für eine Seniorenwohngemeinschaft zu gründen. Herzlichen Dank.

Herzlichst,
Simone Heintze

TO-DO-LISTE –

die das Überleben mit Krebs zwar nicht garantiert, die Therapiezeit aber erträglicher machen kann

1. Fragen Sie nach!

Nach allem, was Ihnen auf der Seele brennt, was Sie wissen möchten und was Sie sonst um Ihren Nachtschlaf bringen wird. Es gibt einfach keine blöden Fragen!

2. Machen Sie sich vor jedem Arzttermin eine Liste!

Mit allem, was Sie geklärt haben möchten! Im entscheidenden Augenblick werden Sie sonst die Hälfte vergessen.

3. Trauen Sie sich, alle diese Fragen zu stellen!

Es ist Ihr gutes Recht.

4. Suchen Sie sich Gleichgesinnte!

Zum Beispiel über den Förderverein Ihrer Klinik oder einfach, indem Sie sich trauen, andere Patienten anzusprechen. Es tut so gut, mit Leidensgenossen zu sprechen. Geteiltes Leid ist wirklich oft nur halb so schwer und Sie müssen sich nicht groß erklären. Wer das Gleiche durchmacht, weiß in der Regel, wie Sie sich fühlen.

5. Suchen Sie einen Psychoonkologen auf!

Jede Krebsdiagnose macht der Psyche zu schaffen und diese Menschen sind dafür ausgebildet und werden dafür bezahlt, dass sie Ihnen zuhören und mit Ihnen eine Überlebensstrategie entwickeln. Und auch für Angehörige kann es sehr gut sein, alle Ängste und Nöte einmal jemandem mitteilen zu dürfen.

6. Ärzte haben gute und schlechte Tage.

Lassen Sie sich nicht irritieren, wenn Ihr Arzt mal nicht gut aufgelegt ist. Es ist nicht Ihr Fehler! Entweder sprechen Sie ihn direkt an oder verschieben es auf den nächsten Termin, wenn die Laus seine Leber schon längst wieder verlassen hat.

7. Denken Sie immer positiv!

„Ich schaffe das!“ Das ist eine extrem schwierige Übung, aber sie gibt Ihnen die Kraft und den Mut, die Sie brauchen. Es lohnt sich also. Schauen Sie nach vorne, setzen Sie sich Ziele, schmieden Sie Pläne und haben Sie Träume.

8. Nehmen Sie zu jeder Behandlung und jedem Termin etwas mit, das Sie ermutigt!

Und sei es noch so klein. Ein Buch, ein Stofftier, ein Schmuckstück, ein Foto. Ganz egal, etwas, an dem Sie sich festhalten können, das Ihnen gut vertraut ist und Sie emotional unterstützt.

9. Suchen Sie sich Ärzte, die mit Ihnen zusammen die Therapie durchstehen!

Solche, die Ihnen ein echtes „Wir schaffen das!“ anbieten und kein „Sie schaffen das schon“. Allein schaffen Sie sowieso schon genug.

10. Gönnen Sie sich Ruhe!

Genießen Sie die Natur. Nehmen Sie nur mal die Blumen am Wegesrand wahr, das Vogelgezwitscher, den unwahrscheinlich blauen Himmel. Das macht Ihren Blick weit, beruhigt die Seele, lässt einfach aufatmen.

11. Zweifeln Sie nicht an Ihren Fähigkeiten!

Ich hatte in Deutsch eine Vier auf dem Zeugnis und nun habe ich ein Buch geschrieben.

12. Kämpfen Sie um Ihr Leben!

Es ist das, worum es sich zu kämpfen lohnt. Lassen Sie sich nichts gefallen. Niemand wird so um Ihr Leben kämpfen, wie Sie das selbst tun können.

13. Bitte lernen Sie, an sich zu denken und sich etwas Gutes zu genehmigen!

Und glauben Sie bloß nicht, dass alle das gut finden, wenn Sie plötzlich etwas nur für sich selbst tun! Ganz im Gegenteil, es wird höchstwahrscheinlich so manchen Ehekrach und so manche Zerreißprobe einer Freundschaft heraufbeschwören. Aber vergessen Sie nicht, Wandel ist eine Frage der Gewöhnung und wenn Sie sich darauf einlassen, wird auch Ihr Umfeld Sie ganz neu erleben dürfen. Seien Sie also großzügig, mit sich und mit den anderen.

14. Bitte hören Sie nie auf zu träumen!

Tagträume machen das Leben leichter, luftiger. Die Seele kann entspannen und Sie bekommen ganz neue Bilder in den Kopf.

15. NEIN ist ein kompletter Satz.

Sie müssen sich nicht für alles erklären.

16. Sie sind ein einzigartiger und von Gott geliebter Mensch.

Er hat den Plan für Ihr Leben. Diesem Plan dürfen Sie immer und unter allen Umständen vertrauen, auch wenn Sie meinen, im nächsten Moment würde Ihre Welt zusammenbrechen. Gott hält Sie, wenn Sie das möchten.

DREI FRAGEN

an Professor Strumberg

Alt zu werden ist nicht schwer, alt zu sein dagegen sehr.
Welche Rolle spielt das Lebensalter während einer Chemotherapie? Welche Schwierigkeiten sehen Sie bei der Behandlung älterer Menschen?

Das chronologische Lebensalter spielt an sich keine große Rolle. Natürlich muss man aber eine Patientin in Ihrem Alter anders handhaben als einen Siebzigjährigen. Die größte Schwierigkeit bei älteren Patienten ist das Ausmaß der nicht-onkologischen Begleiterkrankungen. Wegen dieser kann es sein, dass Ältere bereits etliche Medikamente einnehmen müssen, wodurch möglicherweise Wechselwirkungen mit einer Chemotherapie entstehen. Auch reagieren Ältere meist empfindlicher auf manche Wirkstoffe und sind dadurch stärker von den Nebenwirkungen betroffen. Das Alter an sich ist übrigens der größte Risikofaktor, an Krebs zu erkranken. Da bisher kaum Studien an Älteren durchgeführt wurden, ist die wissenschaftliche Grundlage dünn. Dazu kommt, dass heutzutage immer mehr Menschen älter werden und die Wahrscheinlichkeit steigt, dass es künftig immer mehr ältere Krebspatienten geben wird. Klinische Studien bei älteren Menschen bekommen daher eine wachsende Bedeutung.

Gibt es eine Studie an älteren Krebspatienten?

Seit 2014 gibt es die GOLiATh-Studie (Geriatrische Onkologie – Lebensqualität durch individuelle Anpassung von Therapiekonzepten und Entlassmanagement). Sie ist eine therapiebegleitende Maßnahme, die zum Ziel hat, Lebensqualität zu erhalten oder zu verbessern. Es soll sich also intensiver um den Patienten gekümmert werden. Das sieht so aus: Der an einem Tumor – welcher Art dieser ist, spielt keine Rolle – erkrankte, über siebzigjährige Patient wird von einem „Lotsen", zum Beispiel einer ausgebildeten Arzthelferin, alle drei Monate geriatrisch untersucht. Festgestellten Defiziten wie verringerte Mobilität, Konzentrationsmangel soll entgegengewirkt werden durch gezielte Maßnahmen wie beispielsweise Physiotherapie, Einkaufshilfen, um so die Lebensqualität zu verbessern. Hilfe soll bei Bedarf gezielt geboten werden, jedoch nicht vorsorglich.

Meine Seniorenwohngemeinschaft verfolgt ein ähnliches Ziel: die Fürsorge unter Älteren zu fördern. Hat das Projekt Zukunft?

Ihr Projekt ist ein Beispiel von vielen. Da es den Familienvertrag – Kinder kümmern sich um ihre alten Eltern – in unserer heutigen Zeit nur noch selten gibt und keiner im Pflegeheim enden will, bieten solche Projekte ein alternatives Modell. Der Gedanke einer Seniorenwohngemeinschaft ist gut, keine Frage. Ob es allerdings funktioniert, hängt stark von den Charakteren der Einzelnen ab. Sind die Bewohner bereit, sich auf eine familienähnliche Lebensweise mit allen Vor- und Nachteilen einzulassen? Nimmt man das Projekt ernst und unter den Bewohnern besteht eine Verlässlichkeit, kann es funktionieren. Die GOLiATh-Studie und Ihr Projekt könnten sich daher in gewisser Weise gut ergänzen.

DIE SENIOREN-WOHNGEMEINSCHAFT –

Die Idee dahinter

Der Hintergrund

In Deutschland leben etwa die Hälfte aller Seniorinnen über 65 Jahren allein, bei den Senioren sind es fast 30 Prozent. Viele von ihnen kennen das Gefühl von Einsamkeit nur zu gut. Besonders dann, wenn der eigene Bewegungsradius kleiner wird und es schwerer fällt, den Alltag zu stemmen, verliert die Anonymität vieler Wohnsiedlungen endgültig ihren Reiz.

Wenn bei den Mahlzeiten niemand mehr gegenübersitzt, dienen diese oft nur noch der Nahrungsaufnahme und der Fernseher ist ein schwacher Ersatz für das Gespräch mit einem Menschen. Der Schritt, in ein Seniorenheim zu ziehen, erscheint aber noch zu groß – und viele Wohnanlagen, die eine Betreuung anbieten, sind mit einer hohen finanziellen Belastung verbunden, die sich nicht jeder leisten kann.

Genau an diesem Punkt möchte die Seniorenwohngemeinschaft eine Alternative bieten.

Sie möchten nicht alleine alt werden?
Finanziell wollen Sie mehr Spielraum haben?
Sie möchten nicht anonym in einem Pflegeheim oder in einer Hochhaussiedlung wohnen?
Ich auch nicht! Ich möchte mit anderen Menschen zusammenleben, kochen, lachen, plaudern oder einfach gemütlich fernsehen. Und eine Miete bezahlen, die mir auch noch erlaubt, andere schöne Dinge im Alter zu genießen.
Ich möchte in einer Seniorenwohngemeinschaft leben.

Die Seniorenwohngemeinschaft

Meine Wohngemeinschaft bietet insgesamt acht Wohneinheiten. Jedes Zimmer hat eine Größe von 20–28 qm und ist mit eigenem Bad (Dusche/WC) ausgestattet. Zentraler Mittelpunkt ist eine große Wohnküche. Hier treffen sich alle Bewohner, wie und wann sie möchten. Jeden Tag wird mit dem ambulanten Pflegedienst zusammen ein warmes Mittagessen zubereitet, das gemeinsam am Tisch eingenommen wird. Örtliche Institutionen stehen helfend zur Seite, organisieren vielleicht einen Spielabend oder eine Einkaufsfahrt. Ein bisschen Gartenarbeit oder auch ein Haustier könnten eine Möglichkeit sein, gemeinsam etwas zu „schaffen".

Grundsätzlich können alle Bewohner so lange in der Wohngemeinschaft wohnen bleiben, wie eine Teilhabe am gemeinschaftlichen Leben möglich ist.

Das kann auch mit Pflegestufe 1 oder 2 durchaus noch der Fall sein. Ein ambulanter, frei zu wählender Pflegedienst kann jederzeit hinzukommen.

Ganz wichtig für mich ist, dass die Miete bei diesem Projekt meiner sozialen Grundüberzeugungen gestaffelt nach Einkommen gezahlt wird.

Das Besondere dieser Seniorenwohngemeinschaft

Durch eine Stiftung möchte ich versuchen, die Mietkosten so weit wie möglich zu reduzieren. Das heißt, Nebenkosten/Betreuungskosten werden je nach Einkommen des Bewohners von der Stiftung übernommen. Somit kann die monatliche Belastung erheblich gesenkt werden. Altersarmut verliert ihren Schrecken!

Durch meine ehrenamtliche Rentenberatung für die Deutsche Rentenversicherung Westfalen weiß ich, dass die gesetzliche Rente nicht immer für ein finanziell sorgenfreies Leben im Alter reicht. Dem möchte ich mit dieser Idee einer Wohngemeinschaft, unterstützt durch eine Stiftung, entgegenwirken.

Damit das funktioniert, suche ich Menschen, die sich für diese Idee genauso begeistern können wie ich: Sponsoren, Ideengeber, helfende Hände …

Die Vision

Klein anfangen und groß denken.

Für diese Idee wird mein Grundstück in Berlin-Branden-

burg im Jahre 2015 mit einem solchen Haus bebaut. Die Kosten des Hausbaus werden vorerst von mir privat getragen. Hier ist mein Glaube daran, dass Gott für dieses Haus eine gute Finanzierung finden wird, einfach unerschütterlich.
Laut den Architektenplänen bietet das barrierefreie Haus Platz für acht Personen und beinhaltet auch eine Hausmeisterwohnung. Ein Aufzug, Wohnküche, Aufenthaltsraum und ein große Terrasse runden die Wohngemeinschaft ab.

Die zugehörige Stiftung „Pures Leben" möchte ich mit meinem Buch „Aufgeben? Niemals!" unterstützen. Denn in mir brennt der Herzenswunsch, dass dieses Haus in Berlin kein Einzelfall bleibt, sondern zum Modell für weitere Seniorenwohngemeinschaften in ganz Deutschland wird.

Sie sind von dieser Idee genauso begeistert wie ich?
Sie möchten sich als Sponsor beteiligen, dieses Projekt finanziell unterstützen?
Sie möchten beim Aufbau mithelfen?
Sie möchten in eine Wohngemeinschaft ziehen?

Dann melden Sie sich bitte unter folgender E-Mail:
WG@simoneheintze.de
Oder besuchen Sie meine Internetseite:
www.simoneheintze.de

Danke schon jetzt an die innovativen Mitwirker an diesem besonderen Projekt:

Firma AVOS Hausbau, Berlin
GWBB, Berlin Brandenburg
Frau Klar, Witten
Deutsche Rentenversicherung Westfalen
Stiftung Volmarstein, NRW
Familie Schäfer, Schilling, Fiedler, Birkholz und Bödeker